*Isa Grütering | Natascha Korol*

# 111 Orte für Kinder in Berlin, die man gesehen haben muss

*Mit Fotografien von Theresia Koch*

111



emons:

**Bibliografische Information der Deutschen Nationalbibliothek**
Die Deutsche Nationalbibliothek verzeichnet diese Publikation in der Deutschen Nationalbibliografie; detaillierte bibliografische Daten sind im Internet über http://dnb.d-nb.de abrufbar.

FSC® www.fsc.org
MIX
Papier aus verantwortungsvollen Quellen
FSC® C083411


© der Fotografien: Theresia Koch, außer S. 22: Natascha Korol
Texte: Isa Grütering, Natascha Korol
© der Ikons im Innenteil: S. 16: shutterstock.com/Henrik Larsson,
S. 24: shutterstock.com/StevenRussellSmithPhotos,
S. 32: shutterstock.com/Ken StockPhoto, S. 36: shutterstock.com/Song Pin,
S. 38: shutterstock.com/Johan_R, S. 42: shutterstock.com/eakgaraj,
S. 86: shutterstock.com/Dionisvera, S. 108: shutterstock.com/Lucasos,
S. 136: shutterstock.com/stockphoto-graf, S. 142: shutterstock.com/Yoko Design,
S. 196: shutterstock.com/Stock Up, S. 210: shutterstock.com/Boonchuay1970,
Ikons allgemein: shutterstock.com/mhatzapa
© Covermotive: shutterstock.com/TashaNatasha,
shutterstock.com/Chanitar, shutterstock.com/ZyanKarlo,
shutterstock.com/AR Pictures, shutterstock.com/Rob van Esch,
shutterstock.com/giannimarchetti
Layout: Eva Kraskes und Franziska Emons-Hausen,
nach einem Konzept von Lübbeke | Naumann | Thoben und Nina Schäfer
Kartografie: altancicek.design, www.altancicek.de
Kartenbasisinformationen aus Openstreetmap,
© OpenStreetMap-Mitwirkende, ODbL
Druck und Bindung: CPI – Clausen & Bosse, Leck
Printed in Germany 2022
Erstausgabe 2017
ISBN 978-3-7408-1546-2
Aktualisierte Neuauflage Februar 2022

# VORWORT

Ach Berlin, du Tolle. Wir hatten es schon vermutet, aber jetzt haben wir es schwarz auf weiß: Du bist ein einziger Abenteuerspielplatz, auf dem es für Kinder unendlich viel zu entdecken gibt. Und nicht nur für sie, auch für ihre Mamas, Papas, Omas und Opas, Tanten und Onkel und alle, die einen schönen Tag mit Kindern verbringen möchten.

Bei der Recherche für dieses Buch ist uns nicht nur bewusst geworden, wie groß unsere Stadt wirklich ist, sondern auch, dass man viel öfter seinen Kiez verlassen sollte. In alle Himmelsrichtungen sind wir ausgeschwirrt: Im Norden haben wir den ältesten Baum Berlins besucht, im Osten die neue Seilbahn getestet, im Süden auf der Trabrennbahn mitgefiebert und im Westen sogar Fledermäuse gefüttert. Und irgendwo dazwischen wurden wir von einem echten Zauberer an der Nase herumgeführt, haben wir einen riesigen Dinosaurier getroffen, Drachen steigen lassen, in die Sterne geguckt und uns eine Sanddüne hinunterkullern lassen. Und insgesamt bestimmt zehn Kilo Eis verputzt. Wir und die Kids.

Wenn ihr euch also das nächste Mal fragt, was man denn in der Hauptstadt mit den Kindern anstellen könnte – hier sind 111 Antworten. Da ist für jeden was dabei. Versprochen.

# 111 ORTE

UNITED
ACHSEN
AUF BETON
SHALLE
UM DAS WAS LEBEN BRAU

Sound Garden

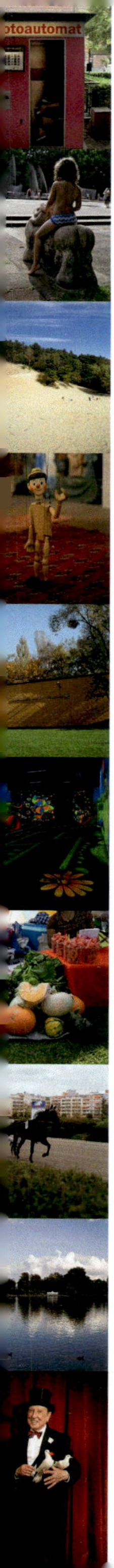

# 1_ DER ABENTEUER-SPIELPLATZ FORCKI

*Erde, Wasser, Luft und Feuer*

Schon von Weitem hört man es klopfen und hämmern, und es riecht eigentlich auch immer etwas nach Feuer. Der Abenteuer- und Bauspielplatz Forcki ist seit mehr als 20 Jahren eine feste Instanz in der Friedrichshainer Kinderfreizeitpädagogik. Hier geht es nur um die Kinder, und die dürfen ziemlich viel, vor allem aber bauen.

Von Montag bis Mittwoch und am Freitag können Schulkinder ab sechs den Platz besuchen, gerne auch in Begleitung. Donnerstag ist Familientag, und es können alle kommen. Mama und Papa oder Oma und Opa können gerne das wilde Treiben anschauen und ihre Kinder beobachten oder einfach im Familiencafé bei Kaffee und Kuchen pausieren. Im Haus »Kokon«, wie das Gemeinschaftsgebäude genannt wird, wird auch täglich Mittagessen für die Kids angeboten. Alles dreht sich auf dem Forcki um das Hüttendorf. Das sind Holzhäuser, bestehend aus vielen Räumen und Ebenen, die von den Kindern mit Unterstützung selbst gebaut wurden und an denen permanent gewerkelt und abgerissen und weitergebaut wird. Natürlich gibt es dafür vorher eine fachgerechte Einweisung, und die Mitarbeiter des Bauspielplatzes stehen auch immer als Ansprechpartner parat und helfen gerne, wenn es nicht weitergeht.

Wer ein wenig mehr Anleitung benötigt, kann aus den zahlreichen Angeboten wählen. Graffiti selber machen, Körbe flechten, Fußball spielen, Programmieren lernen, töpfern, kochen, Insekten beobachten, in der Holzwerkstatt arbeiten oder zelten in der Großstadt. Für ständige Abwechslung sorgt das umsichtige Forcki-Team. Auch Projekttage für Schulklassen bietet das Team regelmäßig an.

**TIPP:** Auf dem Forckenbeckplatz ist außerdem ein sehr großer Spielplatz und eine tolle Plansche mit steinernen Figuren.

Adresse Eldenaer Straße/Forckenbeckplatz, 10247 Berlin-Friedrichshain, www.forcki.de // ÖPNV Tram M 21, Haltestelle Proskauer Straße oder Bersarinplatz; S 8, S 9, S 41, S 42, Haltestelle Storkower Straße // Öffnungszeiten Mo, Di 13–18 Uhr (nur für Schulkinder), Mi 13–18 Uhr (Frühjahr bis Herbst bis 19 Uhr/nur für Schulkinder), Do 13–19 Uhr (Familientag), Fr 13–19 Uhr (nur für Schulkinder) und einmal im Monat Sa 13–18 Uhr (Familientag) // ab 6 Jahre

# 2_AHOI OSTKREUZ

*Das begehrteste Tretboot Berlins*

»Ahoi?!«, meldet sich die Stimme am Telefon. Sie gehört Jan Seeger, der gemeinsam mit seiner Frau den Bootsverleih am Rummelsburger See betreibt. Ob man den Flamingo reservieren könne? Nein, es gelte das »First come, first served«-Prinzip. »Sonnabendnachmittags hätte ich gerne zehn davon, für den steht man hier Schlange! Am besten unter der Woche gleich um zehn Uhr kommen.« Ein guter Tipp.

Das Paradies für große und kleine Kapitäne liegt etwas versteckt am südlichen Zipfel des Sees. Sobald man durch die bunte Holztür tritt und den Blick gen Steg richtet, weiß man, ob einem das Glück hold war. Denn dort thront, wenn er nicht gerade über die Spree gleitet, der pinkfarbene Vogel zwischen roten und blauen Kajaks.

Auf den vorderen zwei Plätzen nehmen die Erwachsenen Platz, das Kind mit Schwimmweste direkt dahinter. Dann heißt es ordentlich strampeln, vorbei an der Stralauer Halbinsel, bevor man die Liebesinsel und den Kratzbruch auf der Spree passiert. Das Gebiet dazwischen steht unter Naturschutz, also Achtung, Durchfahrt verboten! Mit kleineren Kindern ist diese einstündige Tour ideal, für größere sind auch weitere Touren vorbei an der Insel der Jugend oder Richtung Oberbaumbrücke spannend. »Dann aber besser ein Kajak nehmen«, rät Experte Seeger. »Das ist weniger anstrengend als ein Tretboot, und man kann zwischendurch auch mal anlegen.« Wer dem schönen Fluss etwas Gutes tun möchte, kann jeden ersten Dienstag im Monat bei der Clean-up-Regatta zwei Stunden lang umsonst Kajak fahren und helfen, die Treptower Spree vom Müll zu befreien.

**TIPP:** Nach dem Paddeln knurrt der Magen? In der nahe liegenden Hafenküche (www.hafenkueche.de) gibt es täglich einen Mittagstisch mit erschwinglichem Kinderteller und Spreeblick.

**Adresse** Paul und Paula Ufer / Zillepromenade, 10245 Berlin-Friedrichshain, www.ahoi-ostkreuz.de // **ÖPNV** S 3, S 5, S 7, S 75, Haltestelle Ostkreuz // **Öffnungszeiten** April–Okt. täglich 10 Uhr bis Sonnenuntergang // ab 3 Jahre

# 3_DIE ALTE FASANERIE

*Ein Ausflug zu den Wollschweinen in Lübars*

Auf zu den Wollschweinen! Hinter den Wohnblöcken von Reinickendorf erstrecken sich grüne Wiesen, Felder und auch kleine Wälder. Man ist plötzlich mitten in der Natur. Da wollen wir hin. Wer nicht den ganzen Weg mit dem Fahrrad fahren möchte, der steigt in die Tram oder nimmt die S- oder U-Bahn und fährt dann mit dem Fahrrad weiter oder macht eine kleine Wanderung bis zur Alten Fasanerie in Lübars. Gegründet wurde sie 1740 von König Friedrich II. Danach wurde sie als Landwirtschaftsbetrieb und als Schweinemastanlage genutzt, bevor sie 1974 vom Bezirksamt Reinickendorf gekauft und zur Kinder- und Jugendfarm Lübars umgebaut wurde.

Und die Wollschweine? Die fühlen sich in Lübars sauwohl. Sie sind ziemlich groß und für Schweine ungewöhnlich haarig und liegen meist in den schlammigen Pfützen oder im Stroh rum. Anfassen sollte man sie nicht, sie sind wohl nicht so ganz ungefährlich. Aber angucken kann man sie stundenlang. Das sind nämlich schon sehr imposante Tiere. Viel kleiner und niedlicher sind da die anderen Tiere, Alpakas, Ziegen, Schafe, Minischweine, Meerschweinchen, Kaninchen, Gänse, Enten, Hühner. Ein richtiger Bauernhof also. Neben dem Restaurant stehen die Pferde und Ponys, und daneben ist die Vogelvoliere.

Und wer nicht nur Tiere gucken möchte, kann hier sein eigenes Brot backen, Butter herstellen, Wolle spinnen (mit Voranmeldung) oder die wöchentlich stattfindenden Kurse, wie Töpfern oder Kerzenziehen, besuchen.

**TIPP:** Der Spielplatz rechts vor dem Eingang zur Alten Fasanerie ist unglaublich groß und für jedes Alter geeignet. Es gibt Rutschen und Kletterwände und sogar Tischtennisplatten und ein Basketballfeld.

Adresse Alte Fasanerie, Fasanerie 10, 13469 Berlin-Lübars, www.alte-fasanerie-luebars.de // ÖPNV S- und U-Bahn Wittenau, weiter mit Bus X 21 bis Endhaltestelle Quickborner Straße oder mit Bus M 21 bis Ecke Treuenbrietzener und Quickborner Straße, 10 Minuten Fußweg; Anfahrt auch über die Tram M 1 bis Rosenthal Endhaltestelle, dann etwa 15 Minuten Fußweg die Quickborner Straße entlang bis zur Familienfarm // Öffnungszeiten Hof: täglich 9–17 Uhr, Restaurant: Mi–So 10–18 Uhr, Ställe und Tiergehege täglich 8–16.30 Uhr // ab 0 Jahre

# 4_DER AMEISENLADEN

*Da kribbelt es überall*

Wer bitte schön hält sich denn Ameisen als Haustiere? Die kann man doch gar nicht streicheln! Nein, streicheln ist etwas schwierig. Das geht nur, wenn man ganz, ganz vorsichtig ist. Aber Ameisen zu beobachten hat etwas sehr Faszinierendes. Und taucht man erst einmal ein in die Welt der kleinen Krabbeltierchen, stellt man fest, dass diese vielschichtiger ist, als man denkt.

Wer das gerne einmal machen möchte, der sollte dem Antstore in Steglitz einen Besuch abstatten. In einem unscheinbaren Bürogebäude, in der ersten Etage, befindet sich der größte Ameisenladen der Welt. Martin Sebesta, der Eigentümer, hat schon als kleiner Junge seine Freizeit damit verbracht, Ameisen und ihre Lebensweisen zu erkunden. Als einer der Ersten weltweit hat er sein Wissen über Ameisen im Internet präsentiert und irgendwann, aufgrund der großen Nachfrage, angefangen, Ameisen zu verkaufen.

In seinem Laden in Steglitz kann man die Ameisen wunderbar beobachten und sich nebenbei über die Möglichkeiten der Haltung von Ameisen als Haustier beraten lassen. Besonders imposant ist der unscheinbare gläserne Tunnel, der sich quer durch die gesamte Etage zieht, fast wie eine Ameisenautobahn. Hier laufen die kleinen Tierchen geschäftig hin und her und zu den verschiedenen Stationen. Man sieht sie in Ameisenhaufen, die man sich hier auch sehr gut von innen anschauen kann, oder auf Grünpflanzen, die mit den kleinen Tierchen wie Blätterwälder wirken.

Adresse Selerweg 41, 12169 Berlin-Steglitz, www.antstore.net // ÖPNV U 9, Haltestelle Walther-Schreiber-Platz; Bus 181, Haltestelle Selerweg; S 1, Haltestelle Feuerbachstraße // Öffnungszeiten Mo–Fr 9–12 und 13–18 Uhr, jeden 1. Sa im Monat 12–16 Uhr // ab 4 Jahre

**TIPP:** Das Sommerbad am Insulaner befindet sich nur einen Katzensprung vom Ameisenladen entfernt.

# 5_DIE AMERIKA-GEDENKBIBLIOTHEK

*Für Leseratten und ihre Eltern*

Die Amerika-Gedenkbibliothek sieht eigentlich aus wie ein mächtiges Bürogebäude, und man vermutet auf keinen Fall eine umfangreiche Büchersammlung hinter den vielen Fenstern. Die Bücherhalle war ein Geschenk der amerikanischen Bevölkerung an die Berliner nach der überstandenen Blockade der sowjetischen Besatzungsmacht und ist die größte öffentlich zugängliche Bibliothek Deutschlands mit rund 3,4 Millionen Medien. In einem eigenen Anbau ist die größte Kinder- und Jugendbibliothek Deutschlands mit knapp 150.000 Medien zu finden. Jährlich besuchen ungefähr 170.000 Kinder und ihre Eltern diese Bibliothek und leihen dabei rund 520.000 Medien aus.

In dem quadratischen Gebäudeteil findet man alles von Romanen, Comics und Sachbüchern über Hörbücher, DVDs und Games bis hin zu jeder Menge Brettspiele. Gemütliche Leseecken mit Sitzsäcken und Kissen laden zum Schmökern ein. Von innen schaut man in den wunderbar grünen Atrium-Garten, in dem man im Sommer sehr schön lesen und spielen kann. In den Wintermonaten steht im Garten eine traditionelle mongolische Jurte. Für Kinder ab drei oder fünf Jahre finden hier zweimal wöchentlich Märchenstunden statt.

Ein besonderes Highlight der Bibliothek ist der umfangreiche Comic-Bestand mit über 16.000 Exemplaren. Auch die Sondersammlung »Populäre Kinder- und Jugendliteratur in der DDR« mit Büchern, die aktuell nicht mehr verlegt werden, ist für alle interessant, die die Bücher ihrer Kindheit und Jugend in der DDR noch einmal lesen wollen.

**TIPP:** Geht man die Zossener Straße fast bis zum Ende Richtung Bergmannkiez, findet man ein kleines, feines Puppentheater, das »Theater im Bergmannkiez«.

**Adresse** Blücherplatz 1, 10961 Berlin-Kreuzberg, www.zlb.de/kijubi/portal.html // **ÖPNV** U 1, U 6, Bus 248, M 41, Haltestelle Hallesches Tor// **Öffnungszeiten** Mo–Fr 13–19 Uhr, Sa 10–19 Uhr, So 11–17 Uhr; ohne bibliothekarische Beratung (zunächst bis 16.9.2018) // ab 1 Jahr

# 6_ DAS ANNE FRANK ZENTRUM

*Niemals vergessen*

»Ich will fortleben, auch nach meinem Tod«, schreibt Anne Frank am 4. April 1944 in ihr Tagebuch, das sie zum 13. Geburtstag geschenkt bekommen hat. Als die Niederlande von der deutschen Armee besetzt wurden, ist die jüdische Familie Frank untergetaucht, und das Tagebuch wird zu Annes engstem Vertrauten. 1945 werden sie verraten, die Mutter stirbt in Auschwitz, Anne und ihre Schwester Margot im Konzentrationslager Bergen-Belsen. Nur der Vater überlebt. 1947 veröffentlichte er Annes Aufzeichnungen und erfüllte damit ihren Wunsch nach Unsterblichkeit: »Das Tagebuch der Anne Frank« wurde seitdem in über 70 Sprachen übersetzt und millionenfach gelesen.

Das Anne Frank Zentrum am Hackeschen Markt ist die deutsche Partnerorganisation des Anne Frank Hauses in Amsterdam. Die Ausstellung »Alles über Anne« beleuchtet ihr kurzes Leben und bettet es in seinen historischen Kontext. Privataufnahmen zeigen Annes Welt in Frankfurt, wo sie geboren wurde, und in Amsterdam, wohin sie und ihre Familie vor dem Nationalsozialismus geflohen waren. Und immer wieder: Auszüge aus dem Tagebuch. Durch ihr Schicksal, das sie mit eigenen, klaren Worten beschreibt, macht sie den Nationalsozialismus für Teenager greifbarer als es Geschichtsbücher können; sie ist Holocaust-Opfer, Zeitzeugin und Identifikationsfigur zugleich. Ihre Wünsche, Hoffnungen und Zweifel unterscheiden sich nicht wesentlich von denen junger Menschen im Hier und Heute. Die Gäste-Kommentare zeigen deutlich, wie sehr dieser Ort bewegt und zum Nachdenken anregt.

**TIPP:** Leckere jüdische Küche gibt es im kinderfreundlichen Beth Café in der Tucholskystraße 40.

**Adresse** Rosenthaler Straße 39, 10178 Berlin-Mitte, www.annefrank.de // **ÖPNV** U8, Haltestelle Weinmeisterstraße; S5, S75, Tram M1, M5, M6, Haltestelle Hackescher Markt // **Öffnungszeiten** Di–So 10–18 Uhr // ab 10 Jahre

# 7_ ANOHA. DIE KINDERWELT DES JÜDISCHEN MUSEUM BERLIN

*Wer kommt mit auf die Arche?*

Anfassen, Spielen und Erforschen wird groß geschrieben in der 2021 eröffneten Kinderwelt des Jüdischen Museums Berlin. Direkt gegenüber des Haupthauses lädt das ANOHA ein, in eine Geschichte abzutauchen, die in der Bibel, der Tora und dem Koran erzählt wird: die der Arche Noah. Die Reise beginnt mit ein paar Regentropfen, die erst lustige Pfützen bilden und dann zu einem großen Unwetter heranwachsen – die Sintflut naht! Natürlich nur auf der Leinwand und mit akustischen Mitteln. Nachdem die Kids selbst eine kleine Arche gemalt oder gebastelt haben, können sie sich über eine Giraffenrutsche auf das riesige, raumschiffartige Holzschiff »retten«. Die begehbare Arche Noah ist sieben Meter hoch und hat einen Durchmesser von 28 Metern – Platz genug für viele Kinder und sage und schreibe 150 Tiere, von denen jedes ein recyceltes Kunstwerk ist. Das Kamel hat eine freche Schnauze aus ausgedienten Stiefeln, das aufgeweckte Einhorn bunte Ohren aus Sandkastenschaufeln und die dickköpfige Eselin Zähne aus Schreibmaschinentasten. An der überdimensionalen Anakonda können die Kids hoch aufs Dach klettern, und auf dem gemütlichen Faultier macht Ausruhen richtig Spaß.

Das Miteinander an Bord klappt selbstverständlich nur, wenn alle aufeinander Acht geben und sich gegenseitig helfen – wie zum Beispiel dem Eisbären, der es alleine nicht auf die Arche schafft. Und natürlich müssen alle Tiere auch gefüttert werden! Und wer weiß – vielleicht haben die Kids ja ein paar Ideen, wie man die Welt nach der Sintflut ein bisschen besser gestalten kann?

Adresse Fromet-und-Moses-Mendelssohn-Platz 1, 10969 Berlin-Kreuzberg, www.anoha.de // ÖPNV U1, U3, U6, Haltestelle Hallesches Tor; U6, Haltestelle Kochstraße; Bus 248, Haltestelle Jüdisches Museum; Bus M29, Haltestelle Charlottenstraße; Bus M41, Haltestelle Zossener Brücke // Öffnungszeiten Mo geschlossen, Di–Fr 9–13 Uhr, Sa, So & an Feiertagen 10.30–16 Uhr, Eintritt frei // 3–12 Jahre

TIPP: Ganz in der Nähe, in der Alten Jakobstraße 124–128, bietet die Berlinische Galerie kreative Kunst-Workshops für Familien im Atelier »Bunter Jakob« an.

# 8_ DAS AQUARIUM

*Hier wohnen nicht nur Fische*

Den Zoologischen Garten kennt wahrscheinlich jeder. Aber kennt ihr auch die Riesenkakerlaken im Aquarium im Zoo? Sie sind nicht so einfach zu entdecken und wohnen ziemlich versteckt ganz oben im Aquariumsgebäude.

Zuerst aber lohnt es sich, das Haus von unten nach oben anzuschauen. In der untersten Etage, im Erdgeschoss, gibt es viele kleine und auch riesengroße Aquarien. Neben neonfarbigen Minifischen tauchen im Nachbarbecken plötzlich Riesenfische auf, und auch diverse Haie huschen still durchs Wasser. Besonders anziehend sind die Wasserbecken mit den Quallen, die sich sanft bewegen. In der ersten Etage befinden sich die Terrarien. Hier wimmelt es von Schlangen und allen möglichen Echsenarten, und hier wohnen auch die Krokodile. Die Krokodilhalle kann man sogar betreten und von einer Holzbrücke aus direkt zu ihnen herabschauen.

In der zweiten Etage sind dann die kleinen Krabbeltierchen. Hier wohnen die Insekten und Amphibien. Neben einer ziemlich großen Vogelspinne trifft man auch auf giftige Skorpione, Gottesanbeterinnen und Ameisen. Und ganz hinten in der Ecke sind die Riesenkakerlaken. Auf den ersten Blick sieht man sie gar nicht, sie sehen beinahe aus wie dunkle Blätter. Aber sobald eine der Kakerlaken anfängt, sich zu bewegen, machen alle anderen mit, und das Gewimmel geht los. Sie sind fast zehn Zentimeter groß und schwarz. Hätte das Insektarium nicht so dicke Wände, würde man sie bestimmt auch rascheln hören.

Adresse Budapester Straße 32, 10787 Berlin-Charlottenburg, www.aquarium-berlin.de // ÖPNV U3, U9, S5, S7, S9, S75, Haltestelle Zoologischer Garten; U3, U9, Haltestelle Kurfürstendamm // Öffnungszeiten täglich 9–18 Uhr, außer am 24. Dezember, da schließt das Aquarium schon um 14 Uhr // ab 1 Jahr

**TIPP:** Ein Blick in den Zoo zum Pandabären-Gehege lohnt sich. Hier leben zwei chinesische Pandas mit ihren 2019 in Berlin geborenen Zwillingsbären.

# 9_ DIE ARCHENHOLD-STERNWARTE

*Durchs Riesenfernrohr linsen*

»Der Mond ist aufgegangen, die gold'nen Sternlein prangen am Himmel hell und klar« – mit diesen Zeilen beginnt für viele Kinder die Faszination für Sonne, Mond und Sterne. Im Treptower Park gibt es einen Ort, an dem sie ganz tief in die Materie eintauchen können: die 1896 eröffnete Archenhold-Sternwarte. Sie ist nicht nur Deutschlands älteste, sondern auch größte Volkssternwarte. Und: Sie verfügt über das längste bewegliche Linsenfernrohr der Welt, auch »Großer Refraktor« oder »Himmelskanone« genannt. Es stammt ebenfalls aus dem Jahr 1896 und wiegt ganze 130 Tonnen. Durch das 21 Meter lange Instrument können Kids ab zwölf Jahre die Sterne beobachten, zum Beispiel bei der Führung »Abend am Riesenfernrohr«, die von Oktober bis März an zwei Freitagen im Monat stattfindet – nach Einbruch der Dunkelheit, versteht sich! Tolle Einblicke ins Weltall gibt es auch bei dem Beobachtungsprogramm »Sternenkieker« für Kinder ab acht Jahre.

Weitere Attraktionen sind das Himmelskundliche Museum (mit einem 287 Kilogramm schweren Meteoriten, den man sogar anfassen kann), der Einstein-Saal – hier hat der berühmte Physiker 1915 seinen ersten öffentlichen Vortrag über die Relativitätstheorie gehalten – und das Zeiss-Kleinplanetarium, auf dessen Kuppel der Sternenhimmel projiziert wird. In Familienprogrammen wie »Stups, die kleine Sternschnuppe« oder »Als der Mond zum Schneider kam« erfahren kleine Forscher ab vier Jahre hier mehr über die Welt der Planeten.

**TIPP:** Von 1917 bis 1932 lebte Einstein im Bayerischen Viertel; das Haus in der Haberlandstraße steht zwar nicht mehr, aber eine Gedenkstele erinnert an den großen Physiker.

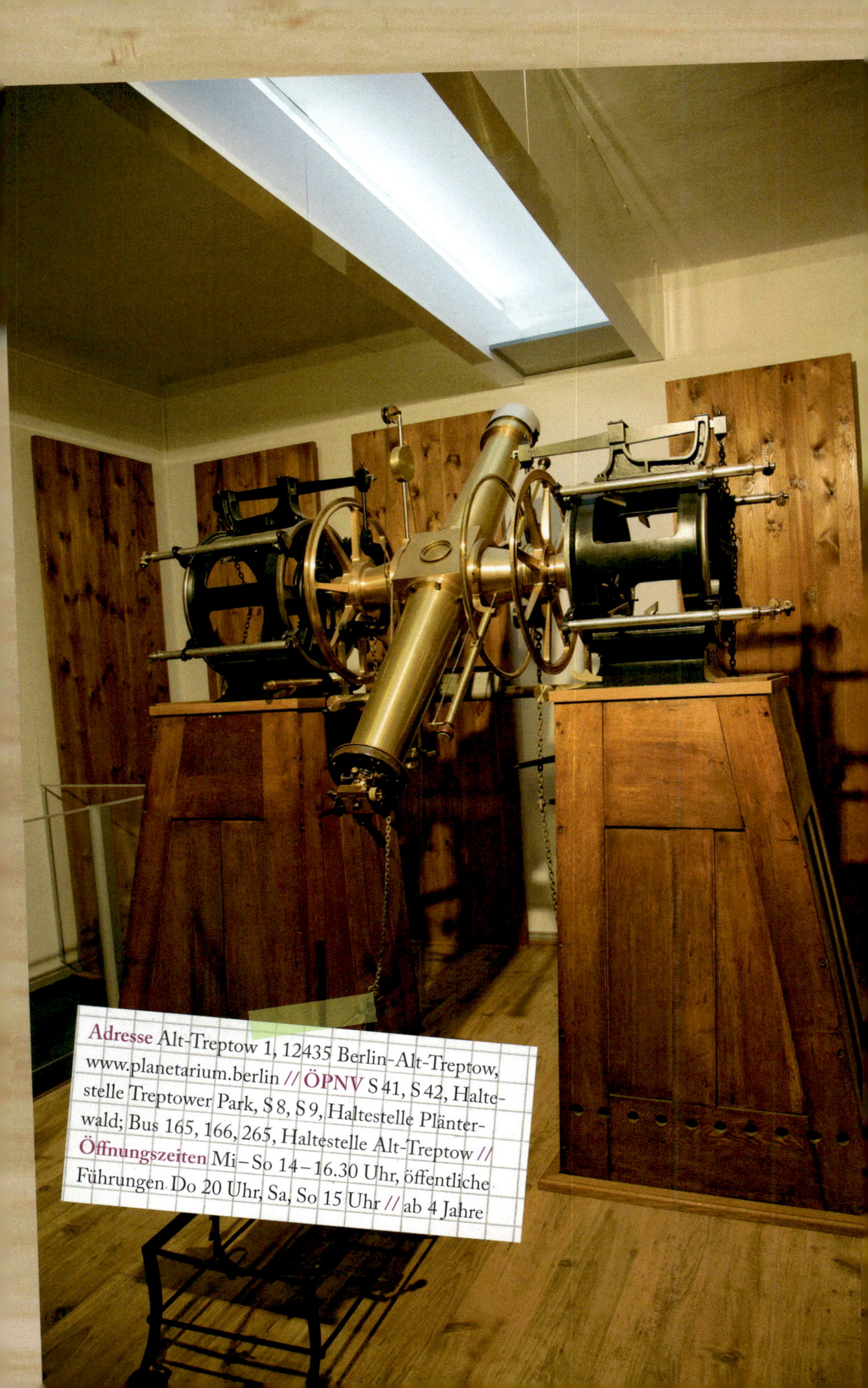

**Adresse** Alt-Treptow 1, 12435 Berlin-Alt-Treptow, www.planetarium.berlin // **ÖPNV** S 41, S 42, Haltestelle Treptower Park, S 8, S 9, Haltestelle Plänterwald; Bus 165, 166, 265, Haltestelle Alt-Treptow // **Öffnungszeiten** Mi–So 14–16.30 Uhr, öffentliche Führungen Do 20 Uhr, Sa, So 15 Uhr // ab 4 Jahre

# 10_DIE ARMINIUS-MARKTHALLE

*Brunchen am Samstagvormittag mit Kindern*

Mit Kindern brunchen gehen, ist das eigentlich ohne Stress möglich? Es kommt ganz auf den Ort an. In der Arminiusmarkthalle in Moabit ist es ganz selbstverständlich, dass Kinder dabei sind, sie sind sogar ausdrücklich erwünscht. Der Samstagsbrunch ist ein echter Geheimtipp für Familien.

Doch zuerst einmal muss man ihn finden. Das geht am besten, wenn man eine Runde durch die geschäftige Halle dreht. Hier kann man nicht nur den gesamten Wocheneinkauf machen, sondern auch an jeder Ecke naschen. Es gibt frische Oliven aus Italien, handgemachten Käse aus der Schweiz, viel heimisches Obst und Gemüse, frischen Fisch, jede Menge gebackene Köstlichkeiten und auch so einige süße Naschereien. Und dann sieht man sie. Die lange alte Holztafel unter dem Kronleuchter, die sogenannte »Mutter aller Tische«. Hier treffen sich samstags Familien aus dem Viertel und aus ganz Berlin, um ausgiebig zu frühstücken. Aber auch ringsherum an den vielen kleinen und größeren Tischen ist genügend Platz für alle. Das Angebot ist reichhaltig und absolut abwechslungsreich. Von Cerealien über Obst und frischen Kuchen bis hin zum deftigen Mittagstisch gibt es hier alles. Für die Kinder ist sogar ein eigenes Büfett in Kinderhöhe vorgesehen, mit kleinen Muffins und lauter schnuckeligen Dingen, die die Kinderherzen höherschlagen lassen.

Wer nach dem Brunch noch Zeit hat, sollte dem Schlupfladen ganz hinten in einer Ecke der Markthalle einen Besuch abstatten. Eine wahre kleine Schatzkammer, nicht nur für Kinder.

**Adresse** Arminiusstraße 2–4, 10551 Berlin-Tiergarten-Moabit, www.arminiusmarkthalle.com // **ÖPNV** U9, Bus 101, 123, 187, M 24, TXL, Haltestelle Turmstraße // **Öffnungszeiten** Mo–Sa 8–22 Uhr; Brunch: Sa 10–14 Uhr (Juli–Aug. Sommerpause) // ab 0 Jahre

TIPP: Nicht weit von hier, in der Straße Alt-Moabit 12a, befindet sich ein echtes Gefängnis, die JVA Moabit. Von außen kann man sich das abgesicherte Gebäude mit den hohen Mauern ansehen.

# 11_ DER BACK SALOON

*Kuchen essen wie im Wilden Westen*

In den Back Saloon verirrt man sich oder man ist auf dem Weg ins Grüne. Die kleine, komplett im Westernstil eingerichtete Bäckerei ist nämlich ganz am nördlichen Rand Berlins, in Karow. Draußen schon wird man vom Duft nach frischem Brot angezogen. Und auch wenn der Back Saloon von außen eher wie ein unscheinbarer Laden im Gewerbegebiet wirkt, lohnt es sich, einzutreten.

Die Theke ist ganz aus Holz und sieht aus wie aus einem alten Cowboyfilm. Weiter hinten hängt ein Gewehr an der Wand, und überall sieht man Fotos aus alten Zeiten und zwischendrin so einige Cowboyhüte und anderes Cowboyzubehör. Man hat fast das Gefühl, ein Cowboy kommt gleich von hinten um die Ecke.

Das Besondere aber sind die beiden runden Wagenradtische in der Mitte der Bäckerei. Sie sind ziemlich groß und aus dickem Holz. Um sie herum stehen nicht etwa Stühle, nein, hier kann man auf Pferdesätteln sitzen. Mit den Zügeln in der Hand und den Füßen, falls die Beine schon lang genug sind, in den Steigbügeln schmecken Kakao und Kuchen gleich noch einmal viel besser. Unbedingt probieren sollte man die Konditoreiwaren. Die Windbeutel und Torten sind erste Sahne.

An der Holztheke gibt es auch noch eine kleine Überraschung für Kinder. Einige der vielen, vielen Holzschubladen sind nämlich zu öffnen. Was sich darin verbirgt, könnt ihr aber selbst herausfinden.

**Adresse** Blankenburger Chaussee 86, 13125 Berlin-Karow // **ÖPNV** Bus 150, 158, Haltestelle Straße 42 // **Öffnungszeiten** Mo–Fr 7–18 Uhr, Sa und So 8–11 Uhr // Ab 3 Jahre kommt man gut auf die Sättel, aber etwas jünger geht auch schon.

**TIPP:** Die Karower Teiche, ein Naturschutzgebiet, sind nur 30 Minuten zu Fuß entfernt. Man kann sie komplett umrunden und auf der Aussichtsplattform auch verschiedene Vögel und Amphibien beobachten.

# 12_Das Baumhaus Fischerinsel

*Architektur für Kinder*

Hinter den Plattenbauten der Leipziger Straße erwartet man eigentlich nichts Aufregendes. Betritt man die Fischerinsel, also den südlichen Teil der Spreeinsel, über die Inselbrücke, fallen einem auch hier erst einmal nur die mächtigen Hochhäuser, gebaut in den 60er Jahren der DDR-Zeit, ins Auge.

Aber davor ist es auffällig grün bewachsen, fast wild und auch irgendwie gemütlich. Hier sieht man zwischen den Hochhäusern, inmitten eines grünen Gartens, ein etwas flacheres Gebäude. Das ist das Kreativhaus. Und genau vor dem Kreativhaus steht eine alte, große Esche. Diese Esche ist der Mittelpunkt und der Grundpfeiler des Baumhauses.

Das Baumhaus ist offen und jederzeit für jeden zugänglich. Es ist in den Baum hineingebaut und doch ringsherum. Das Baumhaus hat drei Ebenen. Auf diese Etagen gelangt man über Treppen, die auch für die Kleinsten zu bewältigen sind. Ebenso sind die einzelnen Ebenen sehr gut für kleine Kinder geeignet. Alles ist rundum zu, es gibt keine großen Lücken. Trotz allem ist das Baumhaus luftig gebaut, und man kann von allen Stellen aus nach draußen und unten schauen. Das liegt vielleicht auch daran, dass es zusammen mit Kindern in einem Workshop konzipiert wurde. Nach ihren Zeichnungen und kleinen Modellen wurde es dann von einem Architektenteam umgesetzt. Es ist komplett aus Holz. Die einzelnen Module wurden vorher gebaut und dann rund um den Baum zusammengesetzt.

Adresse Fischerinsel 3, 10179 Berlin-Mitte, www.baumhaus-fischerinsel.com // ÖPNV U 3, Haltestelle Märkisches Museum; U 8 und S 3, S 5, S 7, S 75, Haltestelle Jannowitzbrücke // Öffnungszeiten immer zugänglich // ab 2 Jahre

**TIPP:** Neben dem Baumhaus am Wasser ist der Historische Hafen. Hier kann man ungefähr 20 alte und teilweise sehr große Binnenschiffe,also Fahrgastschiffe, Schleppdampfer, Schuten und Stoßboote, anschauen.

# 13_ BERTA BLOCK

*Der Drachenfelsen für kleine Kletteräffchen*

Kinder wollen klettern. Und ist kein Kletterbaum in Sicht, dann ist Bouldern eine ziemlich gute Alternative, denn beim Bouldern geht es zwar hoch hinaus, aber dann doch nicht ganz so hoch, dass es gefährlich werden könnte. Man bouldert auch gut zu den Seiten. Dennoch sollte man die Regeln der Halle genau beachten, um Verletzungen zu vermeiden.

Die Boulderhalle Berta Block in Pankow befindet sich in einer alten Fabrikhalle auf einem Gewerbehof. Man kommt am ehemaligen Pförtnerhäuschen vorbei und läuft direkt auf den Eingang der Halle zu. Beim Eintritt in die Kletterhalle tritt man in eine eigene Welt. Durch die Kletterwände und die riesigen Matten auf dem Boden ist die Lautstärke gedämpft. Die entspannte elektronische Musik sorgt für eine angenehme Atmosphäre. Und es ist so bunt, dass man erst einmal einen Moment innehält, um zu begreifen, warum. Es sind die Griffe an den Kletterwänden, die einem in den unterschiedlichsten Farben und Formen entgegenleuchten.

Gleich rechts ist der Drachenfelsen, der Kletterbereich für Kinder bis sechs Jahre. Hier sind die Griffe nicht nur noch bunter, sondern haben auch lustige Formen: Flaschen, Telefone, Schildkröten. Klettern kann man entweder allein, unter Aufsicht der Eltern oder mit einem Trainer, der einem alle Tricks und Kletterwege zeigt. Kinder ab sieben Jahre können nicht nur am Drachenfelsen klettern, sondern auch an allen anderen Wänden der ersten Halle. Die hinteren Hallen sind allerdings erst für Kinder ab 13 beziehungsweise 16 Jahre.

TIPP: Wenn man aus der Boulderhalle zurück auf die Straße geht, verlaufen rechter Hand über die Straße die Bahngleise. Hier kann man neben ICEs auch sehr lange Güterzüge beobachten.

**Adresse** Mühlenstraße 62, 13187 Berlin-Pankow, www.bertablock.de // **ÖPNV** U3, Tram M1, Haltestelle Vinetastraße // **Öffnungszeiten** Mo und Do 11–23 Uhr, Di, Mi, Fr 9–23 Uhr, Sa, So 10–22 Uhr // ab Schuhgröße 29

# 14_BIKINI BERLIN

*Abstecher zu den Affen*

»Das ist aber ein lustiger Name! Warum heißt das Haus denn so?« Eine Frage, auf die man vorbereitet sein sollte, wenn man den Nachwuchs in das 200 Meter lange Gebäude in der City West lotst, um die Affen im dahinterliegenden Zoo genauer unter die Lupe zu nehmen. Warum also »Bikinihaus«? Der dritte Stock des 1957 vollendeten Flachbaus war ein Luftgeschoss, das ihn optisch in zwei Hälften teilte. Phantasievolle Betrachter erinnerte dieser Anblick an jenes zweiteilige Kleidungsstück, mit dem damals Filmstars wie Marilyn Monroe und Brigitte Bardot für Furore sorgten: den Bikini. 1978 wurde das Geschoss zwar zugebaut, der Name aber lebte im Volksmund weiter und wurde nicht etwa in »Badeanzughaus« geändert.

Aber zurück zu den Affen – und hinein ins Bikini Berlin! Durch das riesige Panoramafenster im Erdgeschoss blickt man direkt auf den Affenfelsen, und von der Bank aus kann man unsere Vorfahren ganz gemütlich im Sitzen beobachten. Fährt man die Rolltreppe hinauf zur frei zugänglichen Dachterrasse, ist der Ausblick auf das Affengehege ein absoluter Oh!-Moment. Er ersetzt natürlich keinen richtigen Zoobesuch, ein bisschen »Affenschauen« ist aber ein prima Joker, wenn man gerade mit den Kids in der Gegend ist.

Wer noch weiter hinaufmöchte, gelangt über die Terrasse zum 25hours Hotel und fährt mit dem Aufzug (in den locker vier Kinderwagen passen) ins Restaurant Neni Berlin. Hier sind die Preise zwar leicht gesalzen, der großartige Blick über den Zoo macht das aber wieder wett.

TIPP: Eintritt frei: Im Erdgeschoss des Bikini Berlin werden regelmäßig Werke internationaler Künstler wie etwa Origami- oder Blumeninstallationen ausgestellt.

**Adresse** Budapester Straße 42–50, 10787 Berlin-Tiergarten, www.bikiniberlin.de // **ÖPNV** U 3, U 9, S 5, S 7, S 75, Bus 245, M 45, N 9, Haltestelle Zoologischer Garten; Bus 100, 200, Haltestelle Breitscheidplatz; M 19, M 29, M 46, N 1, N 2, N 3, N 26, Haltestelle Europa-Center // **Öffnungszeiten** Mo–Sa 10–20 Uhr, Dachterrasse täglich 9–22 Uhr // ab 1 Jahr

# 15_ DER BOTANISCHE GARTEN

*Von Feigenbäumen und fleischfressenden Pflanzen*

Im Gewächshaus L. »Beißt mir die Pflanze jetzt den Finger ab, wenn ich ihn ihr hinhalte?«, fragt das Kind. »Äh, nein. Natürlich nicht«, antwortet der Erwachsene. Und das ist zum Glück auch richtig. Die Karnivoren werden nämlich besser als Insektivoren bezeichnet und haben viel mehr Appetit auf noch kleinere Lebewesen. Das bekannteste Exemplar beispielsweise, die Venusfliegenfalle, klappt ihre gezackten Fangblätter blitzschnell zusammen, wenn sich eine Fliege oder Ameise darauf verirrt, und ist dann über eine Woche mit Verdauen beschäftigt.

Weniger »gefährlich« geht es im Großen Tropenhaus, einem der größten Gewächshäuser der Welt, zu. Hier wandelt man durch die Pflanzenwelt der Tropen und Subtropen und fühlt sich zwischen Bambus, Palmen und Lianen wie Mogli im Dschungel. Neben Feigen- und Katappabäumen wächst hier auch ein Leberwurstbaum – was der wohl für Früchte trägt? Mit ebenso lustigen Namen wartet draußen im Freien der Duft- und Tastgarten auf, in dem Orangenthymian, Indianernessel, Apfelminze, Currykraut und Schokoladenpflanzen ihr Aroma verströmen. Jede Jahreszeit hält neue Überraschungen parat; das gilt auch für das Kinderprogramm: An Halloween gibt es ein schaurig-schönes Familienfest, und im November wird der Botanische Garten zur Kulisse für Lesungen der Berliner Märchentage. Jeden ersten Sonntag im Monat werden Führungen wie zum Beispiel »ABC Ananas, Banane, Cola: Tropische Nutzpflanzen« für Kinder ab fünf Jahre angeboten (Anmeldung unter Tel. 030/3444157).

Adresse Königin-Luise-Straße 6, 14195 Berlin-Lichterfelde // ÖPNV S 1, Haltestelle Botanischer Garten; Bus 101, X 83, Haltestelle Königin-Luise-Platz/Botanischer Garten, Bus X 83, Haltestelle Schmidt-Ott-Straße, Bus 101, Haltestelle Rohlfsstraße // Öffnungszeiten siehe www.bgbm.org // ab 5 Jahre

**TIPP:** Im »Lauter Eis« in der Hortensienstraße 12b ist der Name Programm. Katharina Laute zaubert hier von März bis einschließlich Dezember superleckere Eissorten wie Sesam-Honig oder Schokolade-Thymian.

# 16_DER BOTANISCHE VOLKSPARK

*Bambi, zum Streicheln nah*

Manchmal braucht man mit Kindern einfach einmal kurz Stille und Natur. Der Anfang des 20. Jahrhunderts als Schulgarten und Gärtnerei gegründete Botanische Volkspark Blankenfelde ist dafür ziemlich ideal. Am besten gelangt man mit dem Bus oder mit dem Fahrrad zum Park. Auf der Straße davor sind auch genügend Parkplätze für Besucher, die mit dem Auto kommen.

Schon beim Eintreten in die breite Allee des Parks fühlt man sich plötzlich wie nicht mehr in der Stadt. Rechts und links säumen Beete mit wilden Blumen und Büschen den Weg, und es summt und brummt aus allen Richtungen. Weiter vorne sieht man den Wald, rechts so einige Obstbäume und dahinter eine Schafherde. Auf der linken Seite befinden sich die Schaugewächshäuser, die nicht nur tropische Gewächse, sondern auch ein reizendes Café beherbergen. Im Sommer kann man hier draußen auf der weitläufigen Wiese die selbst gemachten Kuchen genießen. Weiter hinten befinden sich jede Menge Bienenstöcke und auch ein Imkerhaus. Hier hat man ab und zu die Gelegenheit, Imkern bei der Arbeit zuzusehen.

Gegenüber, zwischen Feldern und Obstwiesen hindurch, gelangt man zum Damwild-Gehege. Hier leben ungefähr 25 Damhirsche, Damtiere und Kälber. Sie sind sehr zutraulich und können gefüttert werden. Aber Achtung: Damwild ernährt sich von Gräsern, Blättern, Kräutern, Wurzeln und Knollen. Die Tiere sind also Pflanzenfresser. Deshalb bitte nur Grünzeug oder das Futter aus dem bereitstehenden Futterautomaten füttern. Dann hat man vielleicht auch ganz kurz mal die Chance, eines der Tiere zu streicheln.

**TIPP:** Weiter hinten im Park, am Rande der Lichtung zwischen Wald und großem Zingersee, gibt es einen hervorragenden Kletterbaum.

**Adresse** Blankenfelder Chaussee 5, 13159 Berlin-Blankenfelde, www.gruen-berlin.de/botanischer-volkspark // **ÖPNV** U 3, Haltestelle Pankow, dann Bus 250, Haltestelle Hermann-Hesse-Straße, dann Bus 107, Haltestelle Botanischer Volkspark // **Öffnungszeiten** der Park ist täglich von Sonnenaufgang bis Sonnenuntergang geöffnet, die Schaugewächshäuser Di, Mi und Do 10–14 Uhr sowie zu den Öffnungszeiten des Café mint* Fr, Sa, So und an Feiertagen 11–17 Uhr, Mo geschlossen // ab 0 Jahre

# 17_ DIE BRANDMAUER

*Fußball ist unser Leben*

»Gewachsen auf Beton«, steht in gelben Großbuchstaben an einer Hauswand, von der Jérôme, George und Kevin-Prince Boateng auf die Pankstraße hinunterblicken. Drei Brüder, »3 United«. Was auf den ersten Blick wie Street-Art aussieht, war 2013 Teil einer Guerilla-Werbekampagne, ein US-Sportartikelhersteller hatte das raue Image des angrenzenden Weddings und die *street credibility* der Boatengs für seine Zwecke genutzt.

In ihrer Kindheit kickten George und sein kleiner Bruder Kevin-Prince in einem Fußballkäfig am nahe gelegenen Panke-Kanal das Runde ins Eckige. Fußball liegt in der Familie; ihr Vater spielte bei den Reinickendorfer Füchsen, die Mutter bei BFC Meteor 06, und Helmut »der Boss« Rahn, der Deutschland mit seinem Siegtreffer 1954 zum Weltmeister machte, war ein Cousin des Großvaters mütterlicherseits. Wie ihr jüngerer Halbbruder Jérôme, der in Wilmersdorf aufwuchs, spielten sie in den Jugendmannschaften von Hertha BSC. Die beiden Jüngeren schafften den Sprung in die Herrenmannschaft und starteten internationale Karrieren. Bei der WM 2010 in Südafrika kam es zum medial gehypten »Bruder-Duell«: Jérôme spielte für Deutschland, Kevin-Prince für Ghana, das Heimatland ihres gemeinsamen Vaters. Das Spiel endete 1:0 für Deutschland, aber erst vier Jahre später, bei der WM 2014 in Brasilien, holte Jérôme mit der deutschen Nationalelf auch den Weltmeistertitel. Und brannte sich damit ins Gedächtnis vieler kleiner Fußballfans, die leuchtende Augen bekommen, wenn sie das Antlitz ihres Idols überlebensgroß auf der Hauswand entdecken.

**TIPP:** Fußballkindergarten im Stadion Wilmersdorf: Hier bringen die Sportfreunde Charlottenburg-Wilmersdorf Kids zwischen drei und fünf Jahren Fußball in kleinen Schritten bei.

**Adresse** Pankstraße, Ecke Badstraße, 13357 Berlin-Gesundbrunnen // **ÖPNV** U 8, Bus M 27, N 8, Haltestelle Pankstraße // ab 4 Jahre

# 18_ DER BRITZER GARTEN

*Zwei Wasserspielplätze und ein Lehmdorf*

Egal, von welcher Seite man den Britzer Garten betritt, man fühlt sich sofort wie im Urlaub. Es ist so grün und ruhig, man möchte sich in einen der zahlreichen Liegestühle legen und einfach genießen. Natürlich nur als Erwachsener. Kinder fangen gleich an, auf den Wegen zu spielen und die verzweigten Wege zu erkunden. Und davon gibt es genug.

Für Kinder sehr beeindruckend ist die Spiellandschaft. Hier gibt es unendlich viel Sand. Zwischen Findlingen ist ein Wasserspielplatz mit viel Fläche zum Planschen und Matschen. Und genau gegenüber ist das Lehmdorf »Makunaima«. Alle kleinen Häuser und Skulpturen wurden von Hand und zusammen mit Kindern gebaut. Jedes Jahr kommen neue Elemente hinzu. Kinder können in den Sommerferien jederzeit mitbauen, im Dorf spielen, im Pallaver-Pavillon, im Bärentempel oder im Labyrinth. Hier gibt es sogar einen Backofen und eine Kinderbar. Und wer keine Lust mehr auf Lehm hat, klettert eine Runde im Dschungelnetz, das genau danebensteht, oder spielt einfach im Sand.

Fast auf der anderen Seite des Parks findet man den zweiten Wasserspielplatz. Bis dahin kann man laufen oder die Parkbahn nehmen. Diese fährt bei schönem Wetter regelmäßig durch den gesamten Park. Der Wasserspielplatz besteht aus Wasserläufen mit ganz unterschiedlichen kleinen und großen Wehren und Becken. Das Wasser kann spielerisch von einem Becken zum nächsten geleitet oder gestaut werden.

TIPP: Gleich am Eingang Buckower Damm befindet sich die Britzer Mühle. Hier gibt es in der Mühlensaison immer freitags und samstags frisch gemahlenes Mehl und frisch gebackenes Brot.

**Adresse** Sangerhauser Weg 1, 12349 Berlin-Neukölln; der Britzer Garten ist über verschiedene Eingänge erreichbar, siehe ÖPNV; www.gruen-berlin.de/britzer-garten // **ÖPNV** Eingänge Sangerhauser Weg und Tauernallee: U 6, Haltestelle Alt-Mariendorf; Bus 179, Haltestelle Sangerhauser Weg; Eingang Mohriner Allee: U 6, Haltestelle Alt-Mariendorf; Bus 179, Haltestelle Rotkopfweg; Eingang Buckower Damm: S-/U-Bahnhof Hermannstraße; Bus M 44, Haltestelle Britzer Garten; Eingang Massiner Weg (dieser Eingang ist nicht ganzjährig offen): U 7, Haltestelle Britz Süd; Bus 181, Haltestelle Neumarkplan; Eingang Blütenachse: S-/U-Bahnhof Hermannstraße; Bus M 44, Haltestelle Zimmererweg // **Öffnungszeiten** täglich ab 9 Uhr bis zum Einbruch der Dunkelheit // ab 0 Jahre

# 19_Der Buddy Bear auf dem Rathausplatz

*Von Berlin in die ganze Welt*

Wer öfter die Karl-Marx-Straße entlangflitzt, kennt ihn bestimmt, den Rixi. Seinen Namen verdankt er einer Klasse der Evangelischen Schule Neukölln, die mit ihrem Vorschlag 2003 den Buddy-Bear-Namenswettbewerb gewonnen hat. »Rixi« kommt von Rixdorf, wie Neukölln bis 1912 hieß. So ist es auch nicht verwunderlich, dass das Neuköllner Rathaus und das Bezirkswappen die Frontseite des zwei Meter großen Riesen zieren; auf seinem Rücken ist ein verschneites Städtchen bei Nacht zu sehen, das dem Böhmischen Dorf ähnelt. Ausgedacht hat sich das »Outfit« der Künstler Andrej Bitter, der unter anderem auch den lustigen Havelbären in Spandau angemalt hat, der den Schiffen am Spandauer Burgwall beim Tanken zusieht.

Von Buch im Norden bis Marienfelde im Süden, von Kladow im Westen bis Marzahn im Osten – wer mit Kinderaugen durch Berlin läuft, entdeckt sie überall, die Buddy Bären. Manche stehen auf allen vieren, andere auf den Hinterbeinen, wieder andere machen einen Kopfstand oder sitzen. »Buddy« heißt auf Englisch »Kumpel«, und tatsächlich möchten sie, dass alle Menschen Freunde werden. Unter dem Motto »Wir müssen uns besser kennenlernen, damit wir uns besser verstehen, mehr vertrauen und besser zusammenleben« bildete das Kunstprojekt United Buddy Bears im Sommer 2002 einen Kreis von 140 internationalen Bären auf dem Pariser Platz. Seitdem tourt diese »Mannschaft« im Namen der Völkerverständigung durch die Welt und sammelt Spenden für Kinderhilfsorganisationen.

**Adresse** Karl-Marx-Straße 83, 12040 Berlin-Neukölln, www.buddy-baer.com // **ÖPNV** U 7, Haltestelle Rathaus Neukölln; Bus 104, 167, Haltestelle Rathaus Neukölln // ab 2 Jahre

**TIPP:** Wer auf der AVUS nach Berlin ineinfährt, wird auf dem Mittelstreifen in Höhe Dreilinden von einem etwas älteren Berliner Bären begrüßt, einer Bronzeplastik der Künstlerin Renée Sintenis von 1957. Mit einer kleineren Variante werden die Sieger der Berlinale geehrt.

# 20_DER BUNDESTAG

*Wer achtet darauf, dass der Kanzler alles richtig macht?*

Der Bundeskanzler hat viel Macht. Aber machen er und seine Ministerinnen und Minister auch alles richtig? Und nie Fehler? Wer ist die oder der Größte? Wer ist der Chef? Solche Fragen stellen Kinder oft. 16 Jahre lang war eine Frau die Chefin von Deutschland. Chefsein heißt aber noch lange nicht, dass man alles allein bestimmen kann. Fast alles, was er entscheiden möchte, muss er erst im Deutschen Bundestag vorstellen, und dort stimmen dann die Abgeordneten, die von der Bevölkerung gewählt sind, darüber ab.

Der Bundeskanzler arbeitet zwar an verschiedenen Stellen, verbringt aber doch auch einige Zeit des Jahres im Gebäude des Bundestages, im Reichstagsgebäude, ganz in der Nähe des Brandenburger Tors. Das Reichstagsgebäude kann man mit Voranmeldung jeden Tag von morgens bis abends besichtigen. An einigen Tagen im Jahr finden Familienführungen statt. Dabei wird man durch das gesamte Gebäude geführt. Man kann sich den Bundestag als Modell anschauen und auch einmal anfassen. Oder man geht, wie die Abgeordneten des Bundestages, die hier ihre Sitzungen abhalten, in den Plenarsaal oder guckt sich das Büro des Bundeskanzlers, zumindest von außen, an.

Ein besonderes Highlight beim Bundestagsbesuch ist natürlich die Glaskuppel über dem Plenarsaal. In die gelangt man über die Dachterrasse. Geht man den spiralförmigen Weg in der Glaskuppel ganz nach oben, hat man wirklich eine außerordentliche Aussicht in alle Richtungen Berlins. Mit einem Audioguide wird dabei alles gut für Kinder erklärt.

**TIPP:** Gleich um die Ecke, am Eingang des Tiergartens, ist das Brandenburger Tor. Durch das mächtige Tor mit der Quadriga gehen ist ein Muss.

**Adresse** Platz der Republik 1, 11011 Berlin-Tiergarten, www.bundestag.de/besuche/fuehrung // **ÖPNV** U 5, S 1, S 2, S 25, S 26 Haltestelle Brandenburger Tor, U 5 Haltestelle Bundestag; Bus 100, M 41, Haltestelle Reichstag/Bundestag // **Öffnungszeiten** Das Reichstagsgebäude ist täglich von 8–0 Uhr geöffnet. Die Kinderführungen finden monatlich an den Familientagen statt. Bitte mehrere Wochen vorher anmelden. Infos dazu auf der Webseite. // ab 5 Jahre

# 21_ DER COMENIUS-GARTEN

*Spielerisch lernen*

Man könnte ihn einfach nur für einen hübschen Park halten, in dem Kinder aus dem Kiez spielen, Teenager turteln, Mütter mit Kinderwagen umherspazieren und ältere Menschen dem bunten Treiben zusehen. Hinter dem kleinen Paradies mitten in Rixdorf verbirgt sich jedoch eine ganze Philosophie – die des tschechischen Pädagogen Johann Amos Comenius (1592–1670), der das Schulrecht für alle Kinder und humane Bildungsmethoden ohne Rute forderte. Mit Neugierde und Freude, ja spielerisch sollten sie sich bilden können. In acht Stationen beschreibt er einen idealen Lern- und Lebensweg, der im Comenius-Garten und dem Böhmischen Viertel nachempfunden ist. So steht der Walnussbaum am Eingang Karl-Marx-Platz für die »Schule des vorgeburtlichen Werdens« und erinnert an einen Lebensbaum, wie er zur Geburt eines Kindes gepflanzt wird. Der große Spielplatz steht für die »Mutterschule«.

Die Klassen der »Gemeinen Schule« heißen Veilchenbeet, Rosenhain, Wiesenteppich, Irrgarten, Arzneigärtlein und Seelenparadies und befinden sich auf dem westlichen Teil des umzäunten Gartens. Diesen erreicht man über den Eingang Richardstraße (einfach auf das silberne Knöpfchen drücken, dann öffnet sich die Tür). Hier findet man auch die »Lateinschule« in Form einer Bühne und einer Open-Air-Galerie und die »Akademie«, dargestellt als ein begehbares Dreieck mit Teleskop, Mikroskop und Spiegel. Für die »Schule des Berufs« steht das Böhmische Dorf, die »Greisenschule« ist eine Neuköllner Seniorentagesstätte, und mit dem Gottesacker als »Schule des Todes« schließt sich der Kreis.

Adresse Richardstraße 35, 12043 Berlin-Neukölln, www.comenius-garten.de // ÖPNV U 7, Haltestelle Karl-Marx-Straße // Öffnungszeiten in der Regel nachmittags // ab 0 Jahre

**TIPP:** Einer der schönsten nicht kommerziellen Weihnachtsmärkte Berlins findet jedes Jahr am zweiten Adventswochenende in Alt-Rixdorf rund um den Richardplatz statt.

# 22_ CURRY 36

*Mit Ketchup nach Geheimrezept*

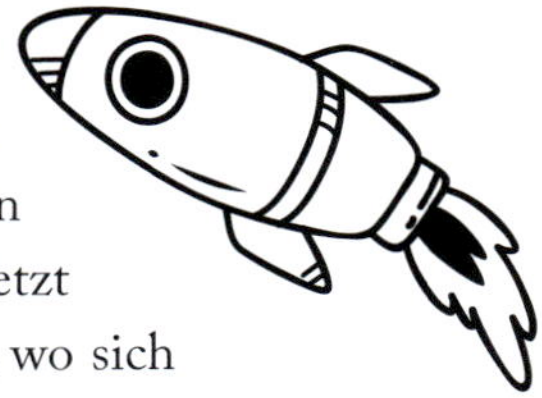

Steigt man am Mehringdamm in Kreuzberg aus Bus oder Bahn, hat man den Duft eigentlich schon direkt in der Nase. Er ist ein Gemisch aus Gebratenem und Currypulver. Jetzt muss man nur noch seiner Nase folgen. Da, wo sich viele Leute ansammeln, ist das Curry 36.

Seit 1981 verkauft Familie Stenschke hier, anfangs noch aus einem Imbissanhänger heraus, ihre weit über die Grenzen der Hauptstadt berühmte Berliner Currywurst. Seitdem gehen hier täglich von ganz früh morgens bis tief in die Nacht so einige Würste über die Ladentheke.

Die Currywurst wurde bekanntlich in Berlin erfunden. Aber was ist denn nun eigentlich eine Curry-36-Currywurst? Sie kommt natürlich aus der Berliner Region und ist eine in Fett gebratene Wurst mit oder ohne Darm. Eine Besonderheit ist der hauseigene Curry-36-Ketchup. Er wird nach dem geheimen Familienrezept hergestellt. Jede Woche werden bei Curry 36 ungefähr zweieinhalb Tonnen davon verspeist. Die Currywurst gibt es mittlerweile sogar als vegane Variante.

Die Wartezeit in der Schlange vor dem Imbiss, die im Übrigen nie mehr als zehn Minuten beträgt, verkürzt man sich am besten mit dem Beobachten des Verkehrs auf dem Mehringdamm. Hier wird es für Kinder absolut nicht langweilig. Von rechts und links kommen Busse, da hupt auch einmal ein Auto, und zwischendurch rast ein Polizeiauto mit Tatütata vorbei.

TIPP: Als Erfinderin der Currywurst gilt Herta Heuwer. Seit 2003 hängt eine Gedenktafel für sie in der Kantstraße 101 in Charlottenburg. Hier hat sie 1949 die pikante Soße für die mittlerweile weltweit bekannte Currywurst erfunden.

Adresse Mehringdamm 36, 10961 Berlin-Kreuzberg, www.curry36.de // ÖPNV U 6, U 7, Bus 140, M 19, Haltestelle Mehringdamm // Öffnungszeiten täglich von 9–5 Uhr (am nächsten Tag) // Sobald die Kinder normales Essen mitessen, also ungefähr ab 1,5 bis 2 Jahre.

# 23_ DAS DEUTSCHE SPIONAGEMUSEUM

*Echtes Detektivgeheimwissen aus den letzten Jahrzehnten*

Ob nun »Die drei ???«, »Detektiv Conan« oder »Die Schule der magischen Tiere«, Detektivgeschichten stehen bei Jungen und Mädchen ziemlich hoch im Kurs. Seit 2015 kann man im Deutschen Spionagemuseum am Leipziger Platz, also direkt im ehemaligen deutsch-deutschen Grenzstreifen, in die geheimnisvolle Welt der Spione eintauchen. Man kann sich Interviews mit Zeitzeugen und atemberaubende Erzählungen von echten Geheimdienstagenten anschauen. Man kann selber versuchen, Geheimcodes und Geheimsprachen zu entziffern oder seine Lieblingswebseite zu hacken.

Es sind so einige echte Spionagewerkzeuge ausgestellt von der Lippenstiftpistole über versteckte Dokumente in Walnüssen bis hin zu manipulierten Kartenspielen und winzigen Kameras in ungewöhnlichen Verstecken, versteckten Giftpfeilen, Wanzen in Schuhsohlen oder Handschuhpistolen. Man sieht auf interaktiven Karten, wie sich zu Zeiten des Kalten Krieges Geheimdienste international bewegten, wer in welchen Ländern Doppelagent war und warum Berlin überhaupt die Hauptstadt der Spione ist. Wie hat man Bienen zu Spionen abgerichtet? Wie wurden Tauben als Nachrichtenübermittler eingesetzt? Warum sind Gänse die perfekten Frühwarnsysteme? Wozu sind Delphine nützlich? Im Museum erfährt man ausführlich, wie Tiere von Geheimdiensten als Spione eingesetzt werden.

Besonders spannend und gar nicht so einfach ist der Laser-Parcours. In einem dunklen Raum muss man durch spontan auftauchende Laserstreifen klettern und kann so die eigene Geschicklichkeit unter Beweis stellen.

**TIPP:** Manchmal sieht man über den Dächern den Weltballon aufsteigen. Damit kann man kurz einmal über der Stadt schweben. Der Einstieg ist in der Zimmerstraße.

**Adresse** Leipziger Platz 9, 10117 Berlin-Mitte, www.deutsches-spionagemuseum.de // **ÖPNV** U 3, S 1, S 2, S 25, Bus 200, M 41, M 48, M 85, Haltestelle Potsdamer Platz, Ausgang Leipziger Platz // **Öffnungszeiten** Mo – So 10 – 20 Uhr // ab 8 Jahre

# 24_DIE DICKE MARIE

*Der älteste Baum Berlins*

Ein mit kleinen Überraschungen gespickter Weg führt zur Grande Dame des Tegeler Forsts. Er beginnt auf der Greenwich-Promenade, an der man neben echten und unechten Schwänen auch eine klassische Londoner Telefonzelle entdecken kann. Direkt hinter Bootsverleih und Minigolfplatz überquert man mit der roten Sechserbrücke die wohl schönste Fußgängerbrücke Berlins. Weiter geht's entlang am Ufer des Großen Malchsees, bis schließlich rechts vor dem Ausflugslokal Waldhütte ein kleiner Weg zum Ziel führt.

Fest in der Erde verwurzelt, reckt die über 800 Jahre alte und 20 Meter hohe Eiche ihre Äste gen Himmel, unzählige Spinnweben schmiegen sich um ihre müde und würdevolle Gestalt. Schon Goethe soll der alten Dame 1778 einen Besuch abgestattet haben, wie auf der Gedenktafel vor Ort zu lesen ist. Der Legende nach wurde sie von den Brüdern Alexander und Wilhelm von Humboldt »Dicke Marie« getauft, da ihr Körperumfang – sie hat einen Durchmesser von zwei Metern – der ihrer Köchin glich. Beide verbrachten ihre Kindheit im nahe gelegenen Schloss Tegel, in dessen Park man bei der »nur« 400 Jahre alten Humboldt-Eiche vorbeischauen kann.

Wie es der Zufall will, steht auch der höchste Baum Berlins im Tegeler Forst. Wer nach dem Spaziergang zur Dicken Marie noch Puste hat, kann diesen noch etwa zwei Kilometer auf dem Mühlenweg fortsetzen und die stattliche 42,5 Meter hohe und fast drei Meter breite Lärche bewundern, die 1795 vom Oberforstmeister August von Burgsdorf gepflanzt wurde.

**TIPP:** Sandstrand, Wasserrutsche & Spielplatz: Im Sommer ist das Strandbad am Tegeler See ein schöner Ort zum Baden und Chillen.

Adresse An der Malche 1, 13507 Berlin-Tegel // ÖPNV U 6, Haltestelle Alt-Tegel; Bus 133, Haltestelle Heiligenseestraße / Ruppiner Chaussee // ab 4 Jahre

# 25_ DIE DOMÄNE DAHLEM

*Wo Stadtkinder Landluft schnuppern und Kühe melken*

»Da kommt er!«, ruft ein Kind. Gemeint ist der Traktorfahrer, der einen ganzen Anhänger voller Kinder (und auch ein paar Eltern) auf eine zehnminütige Rundreise über den Tier-, Feld- und Gartenrundweg der Domäne mitnimmt. Die Kleinen quietschen vor Vergnügen – besonders wenn es mal etwas mehr ruckelt oder der Mann am Steuer Gas gibt – und winken den Spaziergängern zu, die lachend zurückwinken.

Lange vor der Erfindung des Traktors, vor etwa 800 Jahren, wurde auf dem Gelände des heutigen Bio-Bauernhofes und Freilandmuseums zum ersten Mal geerntet. Das Anwesen war sogar mal ein Rittergut! Heute ist das 1560 erbaute Herrenhaus nicht nur ein Museum, sondern gilt auch als Berlins ältestes Wohngebäude. Im ehemaligen Pferdestall ist das Culinarium mit der Mitmach-Ausstellung »Vom Acker bis zum Teller« untergebracht, in der Fragen zur Ernährung kindgerecht beantwortet werden. Wann werden Erdbeeren, Karotten und Grünkohl geerntet? Wie wird aus der Kartoffel eine Pommes? Wie viel Milch gibt eine Kuh heute, und wie viel gab sie vor 100 Jahren? Auch im Melken kann man sich versuchen – allerdings »nur« an einer Kuh-Attrappe, die nicht mit ihrem Schwanz ausholen kann.

Bei den Hoffesten können die Kids je nach Jahreszeit selbst Kartoffeln ernten und Honig schleudern, mit der Kuh- und Pferdekutsche fahren oder auf Ponys reiten. Den Bauernhoftieren – Kühe, Schweine, Hühner, Ziegen, Schafe, Enten und Ponys – kann man jeden Tag einen Besuch abstatten.

**TIPP:** Die Anreise mit der U-Bahn lohnt sich: Mit seiner Fachwerkhaus-Optik, dem reetgedeckten Dach und den schönen Keramikfliesen ist der U-Bahnhof Dahlem-Dorf bestimmt die schönste Berliner Haltestelle.

Adresse Königin-Luise-Straße 49, 14195 Berlin-Dahlem, www.domaene-dahlem.de // ÖPNV U3, Haltestelle Dahlem-Dorf; Bus 110, Haltestelle Oskar-Helene-Heim // Öffnungszeiten das Freigelände ist von Mai–Sept. täglich 8–21 Uhr und von Okt.–April täglich 8–19 Uhr geöffnet, Culinarium siehe Webseite // ab 2 Jahre

# 26_ DAS DONG XUAN CENTER

*Berlins größter Asia-Markt*

Zwischen Abrissflächen und Plattenbauten prangt in großen gelben Buchstaben der Schriftzug »Dong Xuan Center« über der Einfahrt. »Klein-Hanoi« nennen die Lichtenberger ihren wohl exotischsten Ort, der nach dem ältesten Markt der vietnamesischen Hauptstadt benannt ist. Betritt man eine der acht Wellblechhallen, findet man sich in einer anderen, viel farbenfroheren Welt wieder. Zu beiden Seiten der Ladenstraße bieten Händler schrille Leuchtreklame-Schilder, ewig blühende Plastikblumen, Jeans in allen Größen, Farben und Formen und genialen Kitsch in Rot, Pink und Gold an. Politisch korrektes Holzspielzeug wird man hier nicht finden, dafür aber krachbunte und geräuschvolle Bling-Bling-Roboter, die eine magische Anziehungskraft auf Kinder ausüben – ebenso wie die vielen kleinen Hausaltäre, die mit Obst oder Süßigkeiten für die Götter bestückt sind.

Das Center ist Treffpunkt der vietnamesischen Community Berlins, etwa 20.000 ehemalige DDR-Vertragsarbeiter und ihre Nachfahren leben heute in der Hauptstadt. Viele haben nach der Wende in der Gastronomie Fuß gefasst und kaufen hier Lebensmittel aus ihrer Heimat ein.

Beim Bummel durch den Supermarkt gibt es unendlich viel Neues zu entdecken: Durian etwa, die berechtigterweise auch »Stinkfrucht« genannt wird, oder die Drachenfrucht Pitahaya. Vegetarier müssen stark sein, da auch Innereien, Schweinsohren und lebende Karpfen feilgeboten werden.

Adresse Herzbergstraße 128–139, 10365 Berlin-Lichtenberg, www.dongxuan-berlin.de // ÖPNV Tram M 8, Haltestelle Herzbergstraße / Industriegebiet // Öffnungszeiten täglich 10–20 Uhr, Di Ruhetag // ab 3 Jahre

**TIPP:** Im Sommer wird auch draußen gebrutzelt, und man fühlt sich tatsächlich wie in einer vietnamesischen Garküche. Chúc Ngon Miệng!

# 27_DIE EAST SIDE GALLERY

*Früher Mauer, heute längste Freiluftgalerie der Welt*

»Viele kleine Leute, die in vielen kleinen Orten viele kleine Dinge tun, können das Gesicht der Welt verändern«, steht da in großen Buchstaben auf der Mauer. Diese afrikanische Weisheit spiegelt die Stimmung wider, die nach dem Mauerfall in der Hauptstadt herrschte. Das war 1989, und die ganze Welt blickte auf Berlin. Viele internationale Künstler strömten in die wiedervereinte Stadt, um sich von der ganz besonderen Atmosphäre inspirieren zu lassen. Anfang 1990 machten sich 118 von ihnen ans Werk und bemalten von Februar bis September 1.316 Meter triste graue Berliner Mauer zwischen Ostbahnhof und Oberbaumbrücke. In über 100 bunten Bildern gibt jeder auf seine Weise ein Statement zur politischen Wende ab; manche Motive wie etwa der die Mauer durchbrechende Trabi von Birgit Kinder oder Dmitry Trubels Bruderkuss von Honecker und Breschnew gehören zu den meistfotografierten der Hauptstadt.

Auch wenn Kinder die politische Dimension noch nicht erfassen können, ist ein Spaziergang entlang der East Side Gallery eine gute Gelegenheit, ihnen ein Stück (Stadt-)Geschichte näherzubringen. Zum anderen gibt es auf dem längsten noch existierenden zusammenhängenden Stück Mauer, das seit 1993 unter Denkmalschutz steht, ganz schön viele phantasievolle Details zu entdecken. Zum Beispiel die ineinander verschmelzenden Tiere auf Ursula Wünschs Wandgemälde »Frieden für Alles«, das sie allen Kindern der Welt gewidmet hat.

**Adresse** Mühlenstraße, 10243 Berlin-Friedrichshain, www.eastsidegallery-berlin.de // **ÖPNV** U 1, Haltestelle Warschauer Straße; RE 1, S 5, S 7, S 75, Haltestelle Ostbahnhof oder Warschauer Straße // **Öffnungszeiten** immer geöffnet // ab 5 Jahre

**TIPP:** Street Art im Museum!
Im URBAN NATION in der Bülowstraße 7 erfährt man noch mehr über Graffiti & Co.

# 28_ DAS ERIKA-HESS-EISSTADION

*Fast wie Kati Witt*

Am Anfang trauen sie sich nicht so richtig. Ganz vorsichtig wagen sie ihre ersten Schritte auf dem Eis, immer in der Nähe der Bande oder an Muttis Hand. Doch nach und nach gewöhnen sich die kleinen Eisprinzessinnen und -prinzen an die Kufen unter ihren Füßen und drehen immer mutiger ihre Runden, bis sie schließlich sicher im Takt der Musik dahingleiten.

Ach, was gibt es im langen Berliner Winter Schöneres, als mit den Kids Schlittschuh laufen zu gehen? Möglichkeiten gibt es genug, sogar auf einigen Weihnachtsmärkten werden extra Eisbahnen aufgebaut.

Ein Klassiker unter Berlins Eissporthallen ist das Erika-Heß-Eisstadion an der Schnittstelle von Müllerstraße und Chausseestraße. Es wurde 1967 fertiggestellt und trägt seit 1987 den Namen der früh verstorbenen volksnahen Bezirksbürgermeisterin, die auch »Mutter vom Wedding« genannt wurde. Die Mehrzweckhalle ist nicht nur Heimstätte des Eishockey-Vereins FASS Berlin, nein, sie kann auch glitzern: 2015/16 fand hier die Berlin Fashion Week statt, und jeden Dezember verwandelt sie sich für die Show »Eismärchen Berlin« in eine vorweihnachtliche Zauberwelt (für Kinder unter drei Jahren ist der Eintritt frei).

Die »normalen« Eislauffreuden für den Publikumsverkehr finden allerdings auf der Open-Air-Eisbahn hinter dem Stadion statt. Und auch wenn man nicht auf Anhieb Pirouetten wie Kati Witt drehen oder sich elegant rückwärts bewegen kann, macht es doch so richtig dolle Spaß.

TIPP: Für kleine Eishockey-Fans ist ein Spiel der Eisbären Berlin (www.eisbaeren.de) in der Mercedes-Benz-Arena das Allergrößte.

**Adresse** Müllerstraße 185, 13353 Berlin-Wedding, Tel. 030/46907955 // **ÖPNV** U6, Bus 120, M27, Haltestelle Reinickendorfer Straße // **Öffnungszeiten** Ende Okt.–Mitte März: Mo, Di 9–12 und 15–17.30 Uhr, Mi, Do 9–12, 15–17.30 und 19.30–21.30 Uhr, Fr, Sa 9–12, 15–17.30 und 19.30–22 Uhr, So und feiertags 9–12 und 14–17 Uhr // ab 4 Jahre

# 29_ DIE FÄHRE F23

*Schippern auf der Müggelspree*

Kaum hat man den Steg betreten, ist der Großstadtalltag wie weggeblasen. Nur ein paar Menschen warten an der Anlegestelle und betrachten verzaubert die Szenerie, die sich ihnen bietet: Blauer Himmel, Seerosen und Segelboote schwimmen auf dem Wasser – und da taucht auch schon die mit Solarstrom betriebene BVG-Fähre auf. In der Sommersaison steuert sie im Stundentakt vier Stationen auf dem Kleinen Müggelsee und der Müggelspree an. Die Rundfahrt beginnt ab Anlegestelle Müggelwerderweg, die vom S-Bahnhof Friedrichshagen mit der Tram und nach einem zehnminütigen Fußweg zu erreichen ist.

Auf der Fähre zeigt man dem »Kapitän« sein BVG-Ticket, verstaut Fahrräder oder Kinderwagen und setzt sich nach draußen. Einen Blick auf den größten Berliner See, den Großen Müggelsee, erhascht man, wenn die Fähre Richtung Haltestelle Müggelhort abbiegt. Der nächste Stopp wäre Neu-Helgoland, doch seit dem Brand des namengebenden Ausflugslokals im Juli 2017 wird die Station nicht mehr angefahren. Dies soll aber kein Dauerzustand bleiben – zum Glück, da sich der Ausstieg im Hochsommer wegen des Strandbads »Kleiner Müggelsee« lohnt.

Vorbei an idyllisch gelegenen Häusern mit eigenen Bootsstegen fährt die F23 schließlich ihren schönsten und letzten Stopp an: die Kruggasse im alten Fischerdorf Rahnsdorf.

Nach einem ausgiebigen Rundgang durch den hübschen Ortskern freuen sich nicht nur die Kinder, mit »ihrer« Fähre die Rückfahrt anzutreten.

Adresse Müggelwerderweg, 12589 Berlin-Rahnsdorf // ÖPNV Tram 61, Bus 161, Haltestelle Rahnsdorf/Waldschänke // Öffnungszeiten Anfang April–Ende Okt., Di–So zu jeder vollen Stunde (10–18 Uhr) // ab 0 Jahre

TIPP: Kanu-Verleih Berlin:
Die Rahnsdorfer Wasserfreunde vermieten Kajaks, mit denen man prima das lagunenartige Neu-Venedig an der Müggelspree erkunden kann.

# 30_ DER FERNSEHTURM

*Die höchste Stadtrundfahrt Berlins*

Sobald man in die Nähe des Fernsehturms gelangt, gehen alle Blicke nach oben, und ein Staunen und die »Ich seh ihn«-Rufe starten. Der Berliner Fernsehturm ist ein Wahrzeichen der Hauptstadt und mit 368 Metern das höchste öffentlich zugängliche Gebäude Europas.

Die Fahrt nach oben ist ziemlich rasant, sechs Meter pro Sekunde schafft der Fahrstuhl. In 40 Sekunden ist man auf der Aussichtsplattform, dabei kann man, wenn man den Mut hat, durch die Fahrstuhlglasdecke nach oben schauen.

Tritt man auf die Aussichtsplattform, hat man einen umwerfenden Blick auf die Stadt und kann erstaunliche 60 Kilometer weit schauen. Auf den Anzeigetafeln unterhalb der Fenster ist mit Fotos und einem kurzen Beschreibungstext in Deutsch, Englisch, Spanisch und Französisch genau erklärt, wo man sich befindet und was man sieht. Die Tafeln sind direkt auf Kinderhöhe, was Kindern das Vergnügen verdoppelt.

Im Fernsehturm-Restaurant kann man die Aussicht auf die Stadt während einer Mini-Stadtrundfahrt beim Genießen von Torte oder Currywurst noch einmal ganz gemütlich bewundern. Die Plattform, auf der die Tische stehen, dreht sich nämlich um die Achse des Turms, und zwar macht sie eine komplette Drehung pro Stunde. Das fühlt sich fast ein wenig so an, als würde man über Berlin schweben. Und wenn man Glück hat, kann man sogar den Fensterputzern, die ab und zu die Scheiben der Kugel von außen putzen, zuschauen.

**Adresse** Panoramastraße 1a, 10178 Berlin-Mitte, www.tv-turm.de // **ÖPNV** Der Fernsehturm liegt direkt gegenüber dem Bahnhof Alexanderplatz, Ausgang Gontardstraße, und ist mit diversen S-Bahnen, U-Bahnen, Bussen und Trams zu erreichen. // **Öffnungszeiten** März–Okt. 9–0 Uhr, Nov.–Feb. 10–0 Uhr // Ab 0 Jahre. Allerdings können Kinderwagen nicht mit hochgenommen werden. Die werden in der Garderobe abgestellt. Babys müssen getragen werden.

**TIPP:** Ganz in der Nähe, auf dem Alexanderplatz, hält die Buslinie 100. Mit ihr bekommt man eine kleine Stadtrundfahrt zu Linienbuspreisen. Der Bus fährt vom Alexanderplatz bis zum Bahnhof Zoo und zurück.

# 31_ DAS FEUER-WEHRMUSEUM

*Wenn ich groß bin, werde ich Feuerwehrmann*

Geht man von der S-Bahn durch die Veitstraße zum Feuerwehrmuseum, sieht man irgendwann zwischen den Bäumen einen landenden Rettungshubschrauber. Kann das sein? Nicht ganz. Der Hubschrauber ist tatsächlich da, aber er landet nicht, er steht fest montiert vor dem Museum und ist durch seine Größe eine sehr beeindruckende Erscheinung. Das ist übrigens der erste Rettungshubschrauber, der für die damals noch Westberliner Feuerwehr im Einsatz war.

Der Eingang des Museums ist versteckt um die Ecke. Im Hausflur ist es dunkel. Die Wände sind schwarz. Was im ersten Moment irritiert, ist aber gewollt. Hier wird ein ausgebranntes Treppenhaus dargestellt. Sehr gekonnt sind auch die lauter werdenden Geräusche und der lebensechte Feuerwehrmann, der den vermeintlichen Brand löscht.

Im Feuerwehrmuseum selbst geht es genauso spannend weiter. An den Wänden hängen diverse Feuerwehrhelme aus allen Epochen und verschiedenen Ländern. Sogar der Helm von Feuerwehrmann Sam ist dabei. Überall, wirklich überall ist Feuerwehrequipment aus den unterschiedlichsten Jahrzehnten zu sehen. Im 800 Quadratmeter großen und in 14 Themenbereiche unterteilten Museum sind Schaukästen speziell für Kinder zum Anfassen, Riechen und Gucken verteilt. Nachgestellte Rettungssituationen werden ergänzt durch spannende kleine Lehrfilme. Spielerisch wird gezeigt, wie man selber zu Hause Unfälle vermeiden kann. Das Highlight für Kinder ist das echte Feuerwehrauto zum Reinsetzen.

TIPP: Am Ende der Veitstraße, direkt am Tegeler See, ist der Kanonenplatz. Hier kann man zwei Kanonen aus dem 18. Jahrhundert, ein Geschenk an Reinickendorf von der Partnergemeinde Greenwich in Großbritannien, anschauen.

**Adresse** Veitstraße 5, 13507 Berlin-Reinickendorf, www.feuerwehrmuseum-berlin.de // **ÖPNV** U 6, Haltestelle Alt-Tegel; Bus 133, Haltestelle Veitstraße; S 25, Haltestelle Tegel // **Öffnungszeiten** Mo geschlossen, Di, Do 9–16 Uhr, Mi 9–19 Uhr, Fr, Sa 10–14 Uhr, So geschlossen, Einlass bis eine Stunde vor Schließung; Achtung: nicht barrierefrei, das Museum befindet sich im zweiten Stock der Feuerwache Tegel // ab 5 Jahre

# 32_DER FLAKTURM IM HUMBOLDTHAIN

*Vom Monstrum zum Mont Klamott*

Boah, was für eine Aussicht! Vom Plateau der Humboldthöhe sieht man weit in den Wedding und den Berliner Norden. Seit 1967 ragt hier oben auch das Mahnmal der Einheit Deutschlands in den Berliner Himmel. Die elf Meter hohe Skulptur von Arnold Schatz war ein Geschenk an den damaligen Regierenden Bürgermeister Willy Brandt.

Was viele nicht wissen, die »nur« wegen des Panoramas hierherkommen: Sie haben gerade einen Trümmerberg bestiegen, einen Mont Klamott. »Mont« heißt »Berg« auf Französisch, und als »Klamotte« bezeichnete der Berliner Volksmund zerbrochene Ziegelsteine. Wie im Volkspark Friedrichshain verbergen sich unter den beiden grünen Hügeln des Volksparks Humboldthain die Überbleibsel von gigantischen Zwillingsflaktürmen, die Hitler 1941/42 errichten ließ. Sie sollten der Luftabwehr, aber auch als Luftschutzbunker dienen; während der Bombardierung Berlins fanden hier Tausende Unterschlupf. Nach Kriegsende sprengten die Alliierten die Ungetüme und schütteten sie mit Trümmern der zerstörten Stadt auf.

70 Jahre später ist der im Süden des Parks gelegene »Kleine Bunkerberg« eine 200 Meter lange Rodelbahn, die im Winter dick eingemummelte Kinder auf ihren Schlitten hinuntersausen. Teile des nördlichen Flakturms konnten nicht gesprengt werden und ragen wie ein weiteres Mahnmal aus dem dicht bewachsenen Park hervor. Seit 2004 bietet der Verein Berliner Unterwelten im Sommer Führungen durch die Flakturmruine an (ab 18 Jahre). Im Winter dient sie Hunderten von Fledermäusen als Unterschlupf.

**Adresse** Brunnenstraße 110, 13355 Berlin-Gesundbrunnen // **ÖPNV** RE 2, RE 3, RE 5, RB 14, U 8, S 1, S 2, S 41, S 42, S 25, Haltestelle Gesundbrunnen; Bus 247, N 8, Haltestelle Rügener Straße und Haltestelle Gesundbrunnen // ab 4 Jahre

TIPP: »Schöne Berlinerin«, »Disco« oder »Ladylike« – die Attraktionen des Rosengartens im Volkspark tragen mitunter originelle Namen. Hier kann man wunderbar den Kinderwagen spazieren fahren und manchmal sogar Eichhörnchen beobachten.

# 33_ DER FLEDERMAUSKELLER

*Kleine Vampire, zum Anfassen nah*

Die Zitadelle Spandau ist ein wirklich außergewöhnlicher Ort. Mitten in Berlin befindet man sich ganz plötzlich im Mittelalter, in einer der bedeutendsten Renaissancefestungen Europas. Sie wurde bereits im 16. Jahrhundert errichtet und ist außergewöhnlich gut erhalten und sehr weiträumig. Kein Wunder, dass in den Gewölben der alten Gebäude bis zu 10.000 Fledermäuse überwintern. Hier haben sie Platz und werden nur selten, beispielsweise durch die Teilnehmer der Fledermausführungen, besucht. Ansonsten leben hier auch im Sommer einige Fledermäuse ungestört und fühlen sich sichtlich wohl.

Das ganze Jahr über kann man im Fledermauskeller Hunderte Fledertiere beobachten. Der Fledermauskeller befindet sich im Haus 4 der Zitadelle, wo der Berliner Artenschutz Team e. V. (BAT) unglaublich viel Wissen nicht nur über Fledermäuse, sondern über Fledertiere im Allgemeinen zusammengetragen hat. Hier könnte man ganze Tage verbringen. Kann man auch, denn nachts wird, zumindest im Fledertier-Gehege, das Licht angeknipst, damit die Tiere zur Ruhe kommen und schlafen. Am Tage aber kann man sie täglich von mittags bis zum Abend – im Dunkeln, versteht sich – durch die Glasscheibe beobachten.

Hier sind allerdings nicht die heimischen Fledermäuse zu sehen, sondern tropische Fledertiere. Die kleinen Brillenplattnasen leben im Gehege zusammen mit recht großen Nilflughunden. Diese tropischen Flugtiere sind Fruchtfresser und machen keinen Winterschlaf. Deshalb kann man sie das ganze Jahr über anschauen.

**TIPP:** Links neben dem Eingang der Zitadelle Spandau ist die Zitadellen Schänke. Hier kann man speisen wie die alten Ritter. Sie ist in der Woche ab nachmittags und am Wochenende ganztägig geöffnet.

**Adresse** Zitadelle Spandau, Haus 4, Am Juliusturm 64, 13599 Berlin-Spandau, Tel. 030/36750061, www.bat-ev.de // **ÖPNV** U 7, Haltestelle Zitadelle (nicht barrierefrei); S 5, Haltestelle Spandau; Bus X33, Haltestelle Zitadelle // **Öffnungszeiten** täglich 12–17 Uhr, für Führungen bitte telefonisch oder per E-Mail anmelden // Ab 3 Jahre. Die Führungen sind abends, entsprechend für Kinder ab ungefähr 5 Jahre geeignet.

# 34_ DAS FRANZOSEN-BECKEN

*Ein Platz zum Toben, Rodeln und Pausemachen*

Hinter den Häusern der Wollankstraße, direkt vor der Panke und der dahinterliegenden Kleingartenanlage, ist das Franzosenbecken. Es ist eine etwas tiefer liegende große Wiese mit einigen Büschen, gesäumt von einem Fuß- und Fahrradweg.

Das Franzosenbecken heißt eigentlich gar nicht so. Es liegt nur am angrenzenden Französischen Friedhof und wird deshalb von den Berlinern so genannt. Tatsächlich ist es das Hochwasserauffangbecken der Panke. Durch einen Durchlass im Damm ist das Becken mit der Panke verbunden. Bei hohem Wasserstand sollte man es also meiden.

Sonst ist es aber ein guter Ort zum Picknicken. Dadurch, dass die Wiese etwas tiefer liegt und ringsherum Bäume und Büsche stehen, fühlt man sich sofort total abgeschieden von der Umwelt und in einer klitzekleinen grünen Oase mitten in der Großstadt. Gut geeignet ist der Platz auch zum Federballspielen oder überhaupt zum Ballspielen. Direkt am Rande der Wiese sind einige kleine Spielplätze, und dann ist da natürlich die Panke, die kleine Entdecker einlädt, das Ufer zu erkunden.

Warum die Kinder aus dem Weddinger Kiez das Franzosenbecken jedoch Olymp nennen, ist nicht so ganz klar. Vielleicht hat es etwas damit zu tun, dass der Olymp eines der absolut besten Rodelgebiete ist, die es in Berlin für kleine Kinder gibt?

Adresse Wollankstraße 50, 13359 Berlin-Gesundbrunnen; zwischen Wollankstraße, Gottschalkstraße, Soldiner Straße und Panke, neben dem Französischen Friedhof // ÖPNV S 1, S 25, S 85, Bus 250, 255, M27, Haltestelle Wollankstraße; Bus 255, M27, Haltestelle Soldiner Straße // Öffnungszeiten ständig zugänglich // ab 0 Jahre

TIPP: Das Franzosenbecken liegt direkt am Pankeweg, einem wunderbaren Rad- und Wanderweg, der von Bernau bis Berlin-Mitte geht. Das Franzosenbecken liegt genau auf der Hälfte des Weges.

# 35_ DAS FUTURIUM

*Die Welt von morgen*

Wie wollen wir in zehn, fünfzig, hundert Jahren leben? Wie werden wir wohnen, essen, arbeiten? Seit 2019 werden im Futurium Antworten auf diese Fragen gesucht und mögliche Zukünfte präsentiert. Von außen wirkt das spiegelverglaste Gebäude ein bisschen wie ein Raumschiff. Im Inneren sucht man jedoch vergebens nach Science-Fiction-Szenarien à la Hollywood. Die Ausstellung ist in die Denkräume Mensch, Natur und Technik gegliedert und füttert seine kleinen und großen Besucherinnen und Besucher mit Zahlen und Fakten aus den Bereichen Wissenschaft, Forschung und Technik. Große Themen wie etwa der Klimawandel, erneuerbare Energien, digitale Technologien, Mobilität, Ernährung, Recycling und Grüne Städte werden beleuchtet und bieten viel Diskussionsstoff. Empfehlenswert sind die Familienführungen durch die Ausstellung, die im Voraus online zu buchen sind.

Im Souterrain befindet sich das Futurium Lab. Hier ist Interaktion angesagt: Mit Hilfe einer Künstlichen Intelligenz können Landschaftsgemälde gemalt oder per Wink eigene Musikstücke komponiert werden. Ein Höhepunkt ist die begehbare Installation »Noosphere« von Philip Beesley, die auf den menschlichen Körper mit Vibrationen, Klängen und Lichtmustern reagiert.

Nach so viel Input bekommt man den Kopf bei einem Rundgang auf dem Dach des Futuriums wieder frei. Zwischen Photovoltaik- und Solarkollektoren kann man auf dem Skywalk den tollen Panoramablick auf Spreebogen, Kanzleramt und Charité auf sich wirken lassen.

**Adresse** Alexanderufer 2, 10117 Berlin-Mitte, www.futurium.de // **ÖPNV** S 3, S 5, S 7, S 9, Haltestelle Hauptbahnhof, Ausgang Washingtonplatz; Tram M 5, M 8, M 10 und Bus 120, 245, M 41, M 85, 147, 123, Haltestelle Hauptbahnhof // **Öffnungszeiten** Mo, Mi, Fr–So 10–18 Uhr, Do 10–20 Uhr, Eintritt frei // ab 6 Jahre

**TIPP:** Ganz nah dran am politischen Geschehen ist man bei einem Spaziergang durch das direkt gegenüberliegende Regierungsviertel.

# 36_ DIE GEDENKSTÄTTE BERLINER MAUER

*Geschichte und Geschichten an der Bernauer Straße*

»Die Mauer – wo stand die denn?« Kinder können sich Berlin als geteilte Stadt oft nicht vorstellen. Ein guter Ort für eine Spurensuche ist die Bernauer Straße, entlang der bis 1989 der Grenzstreifen verlief. Hier spielten sich zahlreiche Fluchtaktionen ab; das Bild des Grenzpolizisten Conrad Schumann beim Sprung über den Stacheldraht ging um die Welt. Heute ist es übergroß an der Brandmauer an der Ecke Ruppiner Straße zu sehen. Es ist Teil der Außenausstellung der Gedenkstätte Berliner Mauer, die sich bis zum Nordbahnhof erstreckt, parallel zu den Stahlstäben, die den Verlauf der Mauer nachzeichnen.

Die Häuser an der Bernauer Straße erzählen viele Geschichten. Die der hochschwangeren Helga Knittel etwa, die am 19. August 1961 mit ihrem Mann und der dreijährigen Tochter den Sprung aus dem zweiten Stock ihrer Wohnung in ein Sprungtuch wagte und drei Tage später ihr zweites Kind in Westberlin zur Welt brachte. Oder die eines 140 Meter langen Tunnels, den Westberliner Studenten 1964 unter der Mauer hindurchgegraben und damit 57 Menschen die Flucht aus dem Osten ermöglicht hatten.

Der Weg führt weiter zum U-Bahnhof Bernauer Straße, der zu DDR-Zeiten ein Geisterbahnhof war – was nicht heißt, dass es darin spukte, sondern dass westdeutsche Züge nicht mehr anhielten und die Ein- und Ausgänge zugemauert waren. An der Ecke Ackerstraße kann man ein 70 Meter langes Originalstück der Grenzanlage besichtigen. Einen Blick aus der Vogelperspektive hat man vom Aussichtsturm des Dokumentationszentrums.

TIPP: Schon wegen des tollen Spielplatzes lohnt sich ein Abstecher zum nahe gelegenen Arkonaplatz. Freitags ist hier Wochenmarkt mit einigen Food Trucks und sonntags Flohmarkt, auf dem man prima Kindersachen erstehen kann.

**Adresse** Bernauer Straße 111/119, 13355 Berlin-Mitte, www.berliner-mauer-gedenkstaette.de // **ÖPNV** U 8, Haltestelle Bernauer Straße; S 1, S 2, S 25, Bus 245, 247, Haltestelle Nordbahnhof; Tram M 10, Haltestelle Nordbahnhof, Gedenkstätte Berliner Mauer // **Öffnungszeiten** Dokumentationszentrum: Di–So 10–18 Uhr, Eintritt frei // ab 8 Jahre

# 37_ DIE GODE WIND

*Pirat spielen in der Großstadt*

Schon von Weitem sieht man die Schiffsmasten über der Rummelsburger Bucht leicht schwanken. Da liegt die 26 Meter lange Hauptstadtkogge, die Gode Wind. Sie sieht wirklich wie ein echtes Piratenschiff aus, und sie ist auch eines, wenn auch kein wirklich altes. 2005 wurde sie in Litauen für einen Störtebeker-Piratenfilm als Filmkulisse gebaut. 2014 kam sie nach Berlin und liegt seitdem als Restaurantschiff in der Rummelsburger Bucht.

Seit 2017 heißt es auf dem Schiff »Backen & Banken«, was in Seemannssprache so viel heißt wie »Kommt zu Tisch, es gibt Essen«.

Unten im überdachten Bereich ist es absolut urig. Alles ist aus dunklem Holz. Es gibt Tische und Stühle aus dicken alten Weinfässern, und im Bug liegen schwere Felle und dicke Taue. Man hat das Gefühl, die Seemänner sind gerade aufgestanden und kommen vielleicht gleich wieder. An den Wänden hängen alte Fotos, und Seemannsknoten schmücken den Weg zur Küche, ach nein, Kombüse heißt das ja.

Auf dem Oberdeck kann man selber Kapitän spielen und das Steuerrad bedienen. Klettert da nicht gerade ein Pirat am Seil nach oben? Alles nur Attrappe, aber es sieht wunderbar echt aus.

Der eigentliche Grund des Besuchs aber ist das leckere Essen. An Deck gibt es für die Erwachsenen anspruchsvolle maritime Küche und für die Kleinen hausgemachte Fischstäbchen und Kartoffelstampf.

**Adresse** Gustav-Holzmann-Straße 10, 10317 Berlin-Lichtenberg, www.godewind-berlin.de // **ÖPNV** S 3, Haltestelle Bahnhof Rummelsburg; Tram 21, Haltestelle Gustav-Holzmann-Straße // **Öffnungszeiten** Mi–Fr 17.30–22 Uhr, Sa, So 12–22 Uhr (Winterpause jeweils von Nov.–März) // ab 4 Jahre

**TIPP:** Kurz hinter dem Eingang der Gode Wind, in der Hauptstraße 13, ist die Boulderhalle Ostbloc. Kinder ab fünf Jahre können hier klettern, was das Zeug hält.

# 38_ DER GRUNEWALDTURM

*Im Himmel über der Havel*

Mitten durch den Grunewald führt der Weg. Mit etwas Glück erwischt man nicht nur den nostalgischen Doppeldeckerbus 218, der vom ZOB zur Pfaueninsel fährt, sondern auch den besten Platz ganz vorne im Oberdeck. So hoch oben und bei Tempo 30 lässt es sich ganz wunderbar die Havelchaussee entlangkutschieren, die Bäume zum Greifen nah. Aber bitte nicht vergessen auszusteigen – es soll ja schließlich noch höher hinaufgehen!

Stolze 55 Meter misst der Grunewaldturm auf dem Karlsberg. Entworfen hat ihn Franz Heinrich Schwechten, zu dessen bekanntesten Werken der Anhalter Bahnhof und die Kaiser-Wilhelm-Gedächtniskirche zählen. Auch mit dem 1899 eingeweihten neugotischen Backsteinbau, der erst seit 1948 seinen heutigen Namen trägt, setzte er dem ersten Deutschen Kaiser ein Denkmal. Weil dieser auch noch König von Preußen war, steht unter dem preußischen Adler »Koenig Wilhelm I. zum Gedaechtniss« (das war lange vor der Rechtschreibreform). Ein Standbild des Regenten passiert man auf dem Weg nach oben. Was für einen lustigen Bart der hatte! Weil sich seine Anhänger ebensolche Koteletten und Schnauzer wachsen ließen, nennt man ihn »Kaiser-Wilhelm-Bart«.

Nach 204 Treppenstufen hat man es geschafft – und ist hin und weg von dem Panoramablick, den man von der eingegitterten Aussichtsplattform hat. Die Havel schlängelt sich elegant durch die Wälder, in der Ferne sieht man den Teufelsberg mit der ehemaligen Abhörstation, und auf der anderen Seite ragt der Fernsehturm aus dem Häusermeer hervor.

Adresse Havelchaussee 61, 14193 Berlin-Grunewald // ÖPNV Bus 218, Haltestelle Grunewaldturm // Öffnungszeiten täglich 10–20 Uhr // ab 4 Jahre

**TIPP:** Links neben dem Restaurant Grunewaldturm führt ein Weg hinunter zum Flussufer. An den kleinen Badestellen kann man prima Steinchen ins Wasser schmeißen und den vorbeifahrenden Segelbooten zuwinken.

# 39_DIE HASELNUSS-STRASSE

*Vom Straßenrand sammeln*

An vielen Ecken der Stadt, an den Straßenrändern und auf Grünflächen, wächst Obst. Obst, das einfach so gegessen werden kann. Natürlich sollte es reif sein, und man sollte sich beim Ernten nicht in Gefahr begeben. Aber dann kann man es sich schmecken lassen.

Neben Apfel-, Birnen- und Pflaumenbäumen, Johannisbeer-, Himbeer- und Brombeersträuchern und Kräutern wie Bärlauch, Minze, Rosmarin, findet man auch jede Menge Nussbäume in Berlin. Es gibt so einige Walnussbäume und sogar Maronenbäume und unglaublich viele Haselnussbäume.

Die meisten Haselnussbäume in einer Straße stehen ganz sicher in der Richard-Sorge-Straße in Berlin-Friedrichshain. Die Straße ist vom Anfang, Ecke Weidenweg, bis fast zur Landsberger Allee rechts und links gesäumt von Haselnussbäumen. Die Bäume stehen sogar ziemlich dicht, sodass es wirklich ungeheuer viele Nussbäume sind.

Die Erntezeit für Haselnüsse ist im Herbst, genauer im September. Sie kann sich sogar bis weit in den Oktober ziehen. Und dann heißt es los nach Friedrichshain und sammeln, was das Zeug hält. Wenn die Haselnüsse noch nicht unter den Bäumen liegen, lohnt es sich, zu warten, bis die Nüsse braun werden und herunterfallen, dann erst sind sie reif. Wer ganz ungeduldig ist, kann auch etwas an den Ästen wackeln, dann fallen die schon reifen Haselnüsse manchmal auf den Boden.

Adresse Richard-Sorge-Straße, 10249 Berlin-Friedrichshain // ÖPNV Tram M 4, M 5, M 6, M 8, Haltestelle Klinikum am Friedrichshain; Tram M 4, M 5, M 6, M 8, M 10, Haltestelle Landsberger Allee / Petersburger Straße; U 5, Tram 21, M 10, Bus M 10, Haltestelle Frankfurter Tor // Öffnungszeiten ständig verfügbar, Erntezeit jeweils September und Oktober // ab 2 Jahre

TIPP: Um die Ecke ist der
Petersburger Platz, ein kleiner Park
mit großem Spielplatz.

# 40_ DAS HOTEL ODERBERGER

*Schön schwimmen im Prenzlauer Berg*

Wer nicht unbedingt auf Spaßbäder und Riesenrutschen steht, sondern einfach nur schwimmen möchte und eine schöne Spa-Landschaft sucht, dem sei das Hotel Oderberger im Prenzlauer Berg empfohlen. Die einstige Volksbadeanstalt wurde 1902 eröffnet und diente den Bewohnern der Umgebung als Bad zur täglichen oder wöchentlichen Nutzung. Neben dem großen Schwimmbecken standen im ganzen Gebäude viele kleine und größere Badezimmer mit Badewannen oder Duschen zur Verfügung. Einige Überbleibsel, wie Seifenschalen oder die Türen dieser Badezimmer, kann man im oberen Bereich des Hauses immer noch finden.

Nach dem Zweiten Weltkrieg wurde das Bad als Stadtschwimmhalle genutzt und 1986 aufgrund von Schäden im Schwimmbecken geschlossen. Nach 1989 wurde es mehr als 20 Jahre als Kunst-, Kultur- und Eventraum genutzt, seit 2016 ist die ehemalige Badeanstalt ein Boutiquehotel mit über 70 Zimmern.

Herzstück des Hotels ist das Schwimmbad im Neorenaissance-Stil. Über drei Etagen hoch ist die gesamte Halle mit auffälligen Ornamenten an den Wänden und dem Pool, der original wiederhergestellt wurde. Der Pool ist 20 Meter lang und 1,35 Meter tief. Die Wassertemperatur beträgt ständig 27 Grad. Damit ist das Schwimmbad ideal für Schwimmanfänger zum Üben und für größere Kinder zum Schwimmen und Tauchen. Wer nach dem Schwimmen noch Lust auf Wärme hat, der kann im Spabereich die finnische Sauna besuchen oder im hauseigenen Kaminzimmer gemütlich eine heiße Schokolade trinken.

**TIPP:** Die Straße runter Richtung Mauerpark im »Kauf dich glücklich« gibt es die allerbesten Waffeln der Stadt.

**Adresse** Oderberger Straße 57, 10435 Berlin-Prenzlauer Berg, www.hotel-oderberger.berlin/bad // **ÖPNV** U8, Haltestelle Rosenthaler Platz; Tram M1 oder M12, Haltestelle Schwedter Straße; Tram M10, Haltestelle Eberswalder Straße // **Öffnungszeiten** wechselnde Öffnungszeiten, siehe Webseite // ab Schwimmalter, also ungefähr 5 Jahre

# 41_DIE INSEL DER JUGEND

*Klein, aber oho*

Allein schon wegen ihres Namens gehört die kleine Perle in der Spree in dieses Buch. »Insel der Jugend« heißt sie erst seit 1949, früher war sie schlicht der »Treptower Bruch« oder die »Rohr-Insel«. Für die Berliner Gewerbeausstellung 1896 wurde sie aufgeschüttet und zunächst in »Neu-Spreeland« umgetauft. Einer Ausflugsgaststätte, die einer Klosterruine ähnelte, verdankte sie ihren nächsten Namen: »Abteiinsel«.

1913 errichtete Neukölln mit der Abteibrücke nicht nur einen Zugang zur Insel, sondern auch die erste Stahlbetonbrücke Deutschlands. In deren Brückenhaus befand sich zu DDR-Zeiten ein angesagter Jugendclub – womit wir beim heutigen Namen wären –, und auch nach dem Mauerfall war hier partymäßig gut was los. Wegen der Nachbarschaft geht es seit ein paar Jahren auf der Insel wieder ruhiger zu, und junge Berliner Familien entdecken sie als Rückzugsort. Im Inselgarten kann man unter einer Piratenflagge schaukeln, im Soulkitchen mit Blick auf die Spree Pommes futtern und sich bei der Kanuliebe ein Retro-Tretboot ausleihen – was braucht es mehr zum Glücklichsein?

Ihrer idyllischen Lage wegen nennt der Berliner die Spree-Oase auch »Liebesinsel«, und einige Pärchen haben es sich nicht nehmen lassen, Liebesschlösser am Brückengeländer anzubringen. Ein paar Meter weiter gibt's noch mehr zu entdecken: Den Brückenaufgang an der Parkseite säumen »Blaue Herzen für Kinderfreundlichkeit«, eine Art Mini-Walk-of-Fame mit Namen wie Oleg Popov, Stephen und Lucy Hawking, Kurt Krömer oder Eisbär Knut.

Adresse Alt Treptow 6, 12435 Berlin-Alt-Treptow // ÖPNV S 41, S 42, Haltestelle Treptower Park, S 8, S 9, Haltestelle Plänterwald; Bus 166, 167, 265, Haltestelle Alt-Treptow oder Rathaus Treptow // ab 0 Jahre

TIPP: Entdecke die Kontinente: Den schönen großen Weltspielplatz (www.weltspielplatz.de) im Treptower Park haben Kinder aus zwölf Nationen mitgestaltet.

# 42_DAS JUMP HOUSE

*Einfach mal hüpfen*

Außer Lagerhallen, kleinen Fabriken und Logistikunternehmen vermutet man hier im Reinickendorfer Industriegebiet nichts, zumindest keine Spiel-Spaß-Mega-Halle. Wenn man aber genau hinsieht, erkennt man die riesige Sporthalle an den discoähnlich glitzernden Lichtern, die sich in den Fenstern brechen. Das ist also das JUMP House Berlin-Reinickendorf. Es ist mit über 4.000 Quadratmetern Fläche und mehr als 120 Trampolinen in sieben verschiedenen Spaß- und Actionbereichen eine der größten Trampolinhallen, die es in Deutschland gibt, und das ist auch das Besondere daran. Man hat einfach Platz zum Hüpfen, zum Saltoschlagen und zum Spielen. Die Halle ist durch die Oberlichter und großen Fenster tatsächlich sehr, sehr hell und luftig. Auch wenn sie komplett ausgelastet ist, hat man nicht das Gefühl, dass es zu voll ist. Das entspannt vor allem die Eltern ungemein.

Vor jeder Jump-Session bekommt man eine genaue Einweisung, und auch während der Zeit in der Halle sind ständig Aufsichten unterwegs, um Tipps zu geben, Tricks zu zeigen und mit Rat und Tat zur Seite zu stehen. Das ist vor allem dann gut, wenn die Kinder sich allein im Trampolinbereich aufhalten.

Da die Fläche schon gewaltig ist, ist auch der gastronomische Bereich recht groß. Neben Pommes und Pizza werden auch Kaffee und Kuchen angeboten. Das Restaurant ist genau am Ende der Halle. Von der dazugehörigen Galerie kann man einen wunderbaren Blick auf die Trampoline und auf seine tobenden Kinder erhaschen.

TIPP: Etwas weiter die Miraustraße runter, in der Nummer 62, ist das Kartland, eine Indoor-Kartbahn für Kinder ab acht Jahre.

**Adresse** Miraustraße 38, 13509 Berlin-Reinickendorf, www.jumphouse.de/berlin // **ÖPNV** S 25, Bus 221, 322, Haltestelle Eichborndamm, oder Bus X33, Haltestelle Miraustraße // **Öffnungszeiten** Mo geschlossen, Di–Do 15–21 Uhr, Fr 13–21 Uhr, Sa 9.30–22 Uhr, So 9.30–20 Uhr, Einlass immer 15 Minuten vor der ersten Sprungzeit // ab 3 Jahre

# 43_ DER KINDERBAUERNHOF PINKE-PANKE

*Bauernhoftiere mitten in der Stadt*

Auf dem ehemaligen Grenzstreifen der Berliner Mauer befindet sich seit 1991 ziemlich versteckt der Kinderbauernhof Pinke-Panke. Er wurde in Eigenregie vom Pinke-Panke-Team aufgebaut und in den letzten Jahren ständig erweitert und zu einem wunderschönen grünen Fleckchen in Berlin gemacht.

Wo es am Anfang nur Bauwagen gab, sind mittlerweile Fachwerkhäuser aus Lehm entstanden, und in der Mitte des Geländes steht seit einiger Zeit eine überdachte Feuerstelle. Geplant ist noch viel mehr, und die Kinder können mithelfen. Das Ziel des Bauernhofes ist es, Kindern die Natur näherzubringen. Deshalb kann man jeden Tag am Nachmittag beim Füttern der Tiere zusehen. Gestreichelt werden darf auch, aber nur, wenn ein Betreuer dabei ist, damit die Tiere nicht zu sehr gestresst werden. Auf dem Hof wohnen ungefähr 70 einheimische Tiere, Schafe, Ziegen, Schweine, Gänse, Kaninchen, Enten, Hühner, Katzen. Besonders beliebt sind die beiden Esel. Es können auch Tierpatenschaften übernommen werden. Ein weiterer Teil des Bauernhofes sind die Beete. Hier wird echte Landwirtschaft betrieben, natürlich im kleinen Stil.

Täglich und vor allem am Wochenende und in den Ferien finden zusätzlich noch allerhand Workshops für Kinder statt. Man kann Schatzkisten aus Holz bauen, Schmuck mit Edelsteinen basteln, töpfern und filzen oder sein Fahrrad reparieren lernen. Auf dem Hüttenbauplatz können sich Kinder mit Hammer, Holz und Nägeln eine eigene Hütte zimmern. Und als Stärkung zwischendurch gibt es an der Feuerstelle für jeden ein Stockbrot zum Selberbacken.

TIPP: Genau gegenüber ist der Bürgerpark Pankow. Auch hier kann man noch viel Zeit verbringen mit Rennen, Fahrradfahren, Ziegen- und Entenbeobachten oder Eisessen.

**Adresse** Am Bürgerpark 15–18, 13156 Berlin-Pankow, www.kinderbauernhof-pinke-panke.de // **ÖPNV** S1, S25, S85, Haltestelle Wollankstraße; Tram M1, Haltestelle Bürgerpark Pankow // **Öffnungszeiten** Mo geschlossen, Di–Fr 12–18.30 Uhr (im Winter 12–17.30 Uhr), Sa, So und in den Ferien 10–18.30 Uhr (im Winter 10–17.30 Uhr) // 7 bis 14 Jahre

# 44_DER KINDERFLOHMARKT AUF DEM HELMHOLTZPLATZ

*Altes in neue Hände*

Kinder wachsen einfach viel zu schnell. Mindestens zweimal im Jahr müssen die verwachsenen Klamotten raus und Platz für Neues geschaffen werden. Spielzeug oder Spiele, der alte Roller oder das alte Fahrrad müssen weg? Brauchen die Kinder vielleicht neue Sportausrüstungen, Inlineskates, Games oder Bücher? Die Schuhe sind zu klein geworden und müssen gegen neue eingetauscht werden?

Auf dem Kinderflohmarkt, der vom benachbarten MACHmit! Museum für Kinder und seinem Förderverein durchgeführt wird, hat man einmal im Monat die Möglichkeit, Baby- und Kindersachen zu kaufen oder auch zu verkaufen. Von März bis Oktober findet der Flohmarkt rund um das Café Kiezkind auf dem Helmholtzplatz statt, und zwar jeweils an einem Sonntag im Monat. Am Flohmarktsonntag geht es früh los. Ab neun Uhr kann gekauft werden, was das Zeug hält. Der Flohmarkt ist unter Kennern sehr beliebt, der Andrang ist groß, da ziemlich klar ist, dass die meisten Dinge nicht lange verwendet wurden, bevor das Kind der Kleidung oder dem Spielzeug schon wieder entwachsen war.

Auf dem Flohmarkt herrscht ein freundlicher Trubel. Eltern treffen Eltern, oft kennt man sich aus dem Kiez oder trifft sich hier mit anderen Eltern aus dem Freundeskreis. Wenn man verkaufen möchte, bringt man seinen eigenen Tisch oder seine eigene Decke mit und natürlich all die Dinge, die neue kleine oder große Besitzer finden sollen. Man entrichtet die Standgebühr, die sich nach der Größe des Platzes richtet, direkt vor Ort.

**TIPP:** Im Kiezkind auf dem Helmholtzplatz gibt es einen Indoor-Sandspielplatz. Perfekt für zwischendurch oder nach dem Flohmarktbesuch.

Adresse rund um das Café Kiezkind, Auf dem Helmholtzplatz 1, 10437 Berlin-Prenzlauer Berg, www.kinderflohmarkt-helmholtzplatz.de // ÖPNV U3, S8, S9, S41, S42, Tram M1, Haltestelle Schönhauser Allee; S8, S9, S41, S42, Tram M2, Bus 156, Haltestelle Prenzlauer Allee // Öffnungszeiten einmal im Monat So 9–16 Uhr, Termine siehe Webseite // ab 0 Jahre

# 45_ DER KINDER- UND JUGEND-ZIRKUS CABUWAZI

*Auf dem Seil balancieren wie ein echter Akrobat*

Man stolpert erst einmal über den Namen »Cabuwazi«. Dabei ist er einfach zu merken, wenn man weiß, dass er Chaotisch bunter Wanderzirkus bedeutet. Aber chaotisch ist der Zirkus gar nicht, dafür wunderbar bunt und heiter. Schaut man sich die Aufführungen an, wird man sofort mitgerissen von den fröhlichen und professionellen Darbietungen der vielen vor Stolz und Freude strahlenden Kinder.

Zwischen den hohen Plattenbauten in Marzahn fällt das bunte Zirkuszelt sofort auf. Hier wird jeden Tag in der Trainingshalle neben dem Zirkuszelt oder im Zelt selber trainiert. Die jungen Artisten jonglieren mit Bällen oder Reifen, balancieren über Seile oder auf riesigen Bällen. Saltoschlagend wirbeln die kleinen Akrobaten durch die Halle oder an langen Stoffbahnen durch die Lüfte. Hier fahren Mädchen mit Einrädern, dort üben mehrere Jungs am Trapez. Alle arbeiten konzentriert, trotzdem liegt eine beschwingte Heiterkeit in der Luft. Zwischendurch oder wenn es im Sommer zu heiß ist, wird auch mal draußen im Garten zwischen den Zirkuswagen geübt.

Seit 1992 wird hier in Marzahn im Zirkuszelt geturnt, und jedes Kind kann jederzeit mitmachen. Am besten probiert man bei einem kostenfreien Schnuppertraining aus, ob einem die Zirkuswelt gefällt. In Berlin gibt es mittlerweile fünf Cabuwazi-Standorte, und alle haben besondere Angebote für Kinder von vier bis 18 Jahren.

**Adresse** Otto-Rosenberg-Straße 2, 12681 Berlin-Marzahn, Tel. 030/32669750 // **ÖPNV** S 7, Bus 154, Haltestelle Raoul-Wallenberg-Straße // **Öffnungszeiten** Training Mo–Fr, Uhrzeiten siehe www.cabuwazi.de/Standorte/Marzahn.php; die Kurse der 4- bis 9-Jährigen kosten einen monatlichen Betrag, das Training der 9- bis 18-Jährigen ist kostenfrei; zur Finanzierung des Vereins wird um Spenden gebeten // 4 bis 18 Jahre

**TIPP:** In Marzahn, in der Genslerstraße 66, ist auch die Gedenkstätte Hohenschönhausen. Zeitzeugen des DDR-Regimes führen täglich durch die frühere Verhör- und Haftanstalt der DDR. Für Kinder ab zehn Jahre.

# 46_DIE KINDER-VERKEHRSSCHULE

*Fast wie auf der echten Straße*

Einmal Auto fahren wie die Erwachsenen? Das ist der Traum von vielen Kindern. Und dazu noch den Führerschein machen? Das geht in der Kinderverkehrsschule in der Mercedes-Welt in Berlin-Charlottenburg. Natürlich ist es ein Kinderführerschein, aber er sieht schon recht echt aus und macht Kinder ziemlich stolz.

Um den Kinderführerschein zu bekommen, muss allerdings erst einmal eine kleine Prüfung bestanden werden. Dazu gehört eine halbe Stunde theoretischer Unterricht. Im Verkehrsunterricht wird allerlei Wissen über die Straßenverkehrsregeln vermittelt. Am Ende werden die wichtigsten abgefragt, und jedes Kind erhält einen Kinderführerschein mit Bild, Namen und Geburtsdatum.

Danach geht es auf die »Straße«. Hier kann zwischen verschiedenen Autos gewählt und beispielsweise in die Rolle des Polizisten oder des Feuerwehrmanns geschlüpft werden. Dazu sind auch genügend Kostüme vor Ort.

Im Kinderparcours wird das Verkehrswissen direkt angewendet. Hier gilt es, die Vorfahrt zu beachten oder die Ampelfarben richtig zu deuten. Wer bleibt am Zebrastreifen stehen? Die Autofahrer oder die Fußgänger? Was bedeutet das Schild »Einbahnstraße«? Oder was macht man, wenn ein Verkehrspolizist den Verkehr regelt? Spielerisch können die Kinder ihr Wissen anwenden und mit den Elektroautos auch ordentlich »Gas geben« und einige Stunden fahren.

Adresse Mercedes-Welt, Salzufer 1, 10587 Berlin-Charlottenburg, www.spielendgluecklich.de/mercedes-welt-berlin // ÖPNV S3, S5, S7, S75, Bus N9, Haltestelle Tiergarten // Öffnungszeiten Mi 14–18 Uhr, Sa, So 10–18 Uhr, in den Ferien täglich von 10–18 Uhr, Eintritt frei // 5 bis 10 Jahre

TIPP: Am Wochenende von 10 – 17 Uhr hat der Trödelmarkt in der Straße des 17. Juni geöffnet. Dort findet man manchmal auch gut erhaltenes Spielzeug.

# 47_DAS KINDERWAGENKINO

*Endlich wieder dabei sein*

Einige Wochen nach der Geburt möchten Eltern auch wieder am »normalen« Leben teilnehmen. Das macht man selbstverständlich, indem man viel spazieren geht, aber dann kommt auch der Zeitpunkt, an dem man wieder richtig dabei sein will, was mit Baby natürlich sehr schwierig ist. Abendliche Veranstaltungen fallen im Grunde weg. Auch Kinofilme anschauen ist in herkömmlichen Kinos und zu abendlichen Uhrzeiten nicht möglich.

Im Babylon in Berlin-Mitte geht das aber sehr gut. Denn dort findet schon seit 2006 jeden Mittwoch das Kinderwagenkino statt. Jede Woche Mittwoch um elf Uhr können hier junge Eltern mit ihren Babys den jeweils aktuellen Kinofilm anschauen. Praktischerweise gelangt man mit dem Kinderwagen bequem über den Seiteneingang und die dortige Rampe ins Foyer. Die Babys werden nicht durch Lautstärke oder Lichtreflexe gestört. Die Kinofilme werden nämlich in reduzierter Lautstärke gezeigt, und der Kinosaal ist während der Vorstellung etwas beleuchtet. Besonders ist auch, dass die Kinderwagen mit in den Kinosaal genommen werden können. Einige Reihen sind so breit, dass die Wagen dazwischenpassen und die Babys einfach darin weiterschlafen können.

Am besten geeignet ist das Kinderwagenkino übrigens für ganz kleine Babys, die noch viel schlafen. Fangen die Kinder schon an zu krabbeln, wird es für die Eltern eventuell dann doch zu unruhig.

TIPP: Erst ins Kino und dann hinterher noch in Mitte Mittagessen gehen – das ist dann fast wie ein echter Kinobesuch! Um die Ecke im The Store Kitchen im Soho House Berlin kann man herrlich Kuchen essen und Leute aus allen Ländern beobachten.

**Adresse** Babylon, Rosa-Luxemburg-Straße 30, 10178 Berlin-Mitte, www.babylonberlin.de/kinderwagenkino.htm // **ÖPNV** U 3, Haltestelle Rosa-Luxemburg-Platz // **Öffnungszeiten** jeden Mi 11 Uhr // bis ungefähr 1 Jahr

# 48_DER KLUNKER-KRANICH

*Buddeln in Berlins höchstgelegenem Sandkasten*

Das Abenteuer beginnt auf der Karl-Marx-Straße vor den Neukölln Arcaden. Hat man den richtigen Eingang gefunden – den, über dem »Fitness First« steht –, katapultiert einen der Aufzug hinauf aufs Parkdeck 5. Das Ziel ist fast schon erreicht und steht in großen Holzbuchstaben auf einem richtungsweisenden Pfeil: »Klunkerkranich«. Nur noch einmal um die Ecke nach oben schlängeln, dann wird es hell, und man hat's geschafft. Wer zum ersten Mal hier oben steht, bleibt ob der fabulösen Aussicht meist mit offenem Mund stehen und blickt eine kleine Ewigkeit über die Dächer Berlins bis zum Fernsehturm, der, so nah und doch so fern, über dem Häusermeer thront. Es fühlt sich fast ein bisschen an wie über der Stadt schweben. Wie ein Kranich eben.

Aufgebaut hat den Kulturdachgarten 2013 ein ganzer Trupp aus Künstlern, Handwerkern und Kulturschaffenden. Gemeinsam und mit viel Idealismus haben sie das ungenutzte Parkdeck in einen Ort verwandelt, an dem sich irgendwie alle wohlfühlen – Groß und Klein, Hipster und Normalo, Jung und Alt, Touri und Einheimischer. Das ist auch kein Wunder: Mit der räumlichen Distanz scheint man auf »dem Kranich« auch eine Distanz zum Alltag da unten zu entwickeln. Hier oben kann man prima durchatmen und einfach mal nur schöne Dinge tun: Die Kids buddeln auf fast 26 Meter Höhe im Sandkasten, während sich die nächste Generation durch die feine Frühstückskarte des Fetten Finken futtert und Oma und Opa den Klunkergarten inspizieren.

Adresse Karl-Marx-Straße 66, 12043 Berlin-Neukölln, www.klunkerkranich.de // ÖPNV U 7, Bus 104, 166, Haltestelle Rathaus Neukölln // Öffnungszeiten siehe www.klunkerkranich.de, tagsüber Eintritt frei // ab 2 Jahre

TIPP: Der NABU Berlin bietet Führungen im havelländischen Storchendorf Linum an, wo im Frühling und Herbst unzählige Kraniche rasten. Kontakt unter storchenschmiede@nabu-berlin.de.

# 49_ DIE KOMISCHE OPER

*Klassik für Kleine*

»Oh, das ist aber schön hier, wie in einem Schloss!« Über der Festtreppe schwebt ein opulenter Kronleuchter, rote Teppiche säumen die Flure, und der Opernsaal erstrahlt in neobarocker Pracht. Große und kleine Operngänger, die die Komische Oper Berlin zum ersten Mal betreten, sind überrascht ob des prächtigen Interieurs, das man hinter seiner modernen Fassade nicht erwartet hätte.

Dass der Saal schon über 130 Jahre alt ist, erfährt man bei einer der Spezialführungen durch die Abteilungen Kostüm, Requisite, Maske, Bühnenbild und Orchester für Kids ab acht Jahren. Und auch, dass das Haus nach dem Ersten Weltkrieg »Metropol-Theater« hieß und zu den populärsten Operettenhäusern Deutschlands zählte. Im Kriegsjahr 1944 wurde das Theater geschlossen und erst nach seinem Wiederaufbau 1947 als »Komische Oper« eröffnet – was übrigens nicht bedeutet, dass alle Inszenierungen lustig sind. Der damalige Intendant Walter Felsenstein hat den Namen in Anlehnung an die französische *Opéra comique* gewählt, weil diese so schön volksnah ist. Der heutige Chef heißt Barrie Kosky und macht einen so guten Job, dass er 2016 von der Zeitschrift »Opernwelt« zum Regisseur des Jahres gewählt wurde.

Kunterbunte Opern für den Nachwuchs ab sechs Jahre – etwa die Kinderoper »Jim Knopf und Lukas der Lokomotivführer« oder »Die Zaubermelodika« – sind ebenso fester Bestandteil des Spielplans wie Kinderkonzerte, die Kinder ab vier Jahren spielerisch an Klassiker wie »Peter und der Wolf« heranführen.

TIPP: Ein großartiges Erlebnis für junge Klassik-Fans ist die »Staatsoper für alle«. Einmal im Jahr spielt die Staatskapelle unter der Leitung von Daniel Barenboim ein kostenloses Konzert unter freiem Himmel auf dem Bebelplatz.

**Adresse** Behrenstraße 55–57, 10117 Berlin-Mitte, www.komische-oper-berlin.de // **ÖPNV** U 3, Haltestelle Stadtmitte, U 55, S 1, S 2, S 25, Haltestelle Brandenburger Tor, U 6, Haltestelle Französische Straße; RE 1, RE 2, RE 7, RB 14, RB 21, RB 22, S 1, S 2, S 5, S 7, S 25, S 75, Haltestelle Friedrichstraße; M 1, M 12, Haltestelle Friedrichstraße; Bus 100, 147, 200, TXL, N2, N6, Haltestelle Unter den Linden / Friedrichstraße // **Öffnungszeiten** siehe www.komische-oper-berlin.de // ab 4 Jahre

# 50_ KUKI IM FILMTHEATER FRIEDRICHSHAIN

*Internationale Kurzfilme für Kids*

Mit über 50 Filmfestivals und mehr als 90 Lichtspielhäusern ist Berlin ein Paradies für Filmfans. Ein (auch optisch) schönes Beispiel ist das Filmtheater am Friedrichshain, das unter anderem Programm für junge Cineasten macht. Die Schulfilmreihe Britfilms ist ebenso vertreten wie die Berlinale-Sektion »Generation«, das Jugendfilmfestival Cinéfête und das Kinderprogramm des 11mm-Fußballfilmfestivals. Und das ist noch nicht alles!

Wenn an einem Sonntag im November Horden von Kindern und Teenagern die Freitreppe des 1925 eröffneten Hauses stürmen, feiert das Internationale Kurzfilmfestival für Kinder und Jugendliche KUKI mit Popcorn, Pinguin und viel Programm Eröffnung. Die folgende Woche werden fabelhafte Kurzfilme für alle Altersstufen von vier Jahren aufwärts gezeigt. Alle Filme laufen in der Originalsprache, also auch mal auf Russisch oder Farsi. Die Kinderfilme werden von Profi-Sprechern live auf Deutsch eingesprochen, die Jugendfilme sind deutsch untertitelt. »So kommen die Kids schon früh mit anderen Sprachen und Kulturen in Kontakt und sehen, wie die Lebenswirklichkeit von Gleichaltrigen in anderen Ländern aussieht«, erklärt die künstlerische Leiterin Monica Koshka-Stein.

Wer am Ende des Festivals mit einem Preis nach Hause geht, entscheiden drei Kinder- und Jugendjurys. Verkündet werden die Preisträger am letzten Festivalsonntag, an dem traditionell auch ein kostenloses Familienprogramm mit allen Gewinnerfilmen läuft. Popcorn inklusive!

Adresse Bötzowstraße 1–5, 10407 Berlin-Friedrichshain, www.interfilm.de/kuki2017 // ÖPNV Tram M 4, Haltestelle Am Friedrichshain, Tram M 10, Haltestelle Arnswalderplatz; Bus 200, Haltestelle Bötzowstraße // Öffnungszeiten siehe www.yorck.de // ab 4 Jahre

**TIPP:** In den 1920er Jahren Tanzpalast, seit 1946 Programmkino: Das »Bali« an der S-Bahn-Station Zehlendorf zeigt an vier Tagen die Woche um 16 Uhr einen ausgesuchten Kinderfilm.

# 51_ DAS LABYRINTH KINDERMUSEUM

*Verstecken, verkleiden, experimentieren*

Die ehemalige Montagehalle für Zündholzmaschinen fügt sich fast unscheinbar zwischen mehrstöckigen Mietshäusern in der Osloer Straße ein. Seit 1997 beherbergt die einstige kleine Fabrik das Labyrinth Kindermuseum. Hinein darf man nur mit Stoppersocken, Hausschuhen oder Hallenturnschuhen.

In der 1.000 Quadratmeter großen Ausstellungshalle ist es bunt. An den Wänden sind Buchstaben und Worte. Sie werden einem scheinbar entgegengeworfen. Großflächige Bilder und Figuren laden zum Näherkommen ein, Stoffe oder Papierstreifen hängen von der Decke. Von irgendwoher kommet Musik. Überall wuseln Kinder herum, manche verkleiden sich als indische Prinzessinnen, andere hämmern oder malen oder lauschen fremdländischen Klängen.

Ganz plötzlich ertönt ein Gong, und aus allen Ecken strömen fröhliche Kinder und scharen sich um die auffällig angezogenen Museumspädagogen, die die Kinder unter ihre Fittiche nehmen und mit Gesang und Spielchen durch die Ausstellung führen. Aber die Kinder können sich auch ganz allein durch die Erlebnisausstellungen bewegen, die regelmäßig alle 16 bis 18 Monate wechseln, und einfach zuschauen, was andere machen, oder selbst aktiv werden. Dem Kindermuseum geht es immer darum, die Kreativität der Kinder herauszukitzeln.

Als Eltern kann man alles mitmachen und miterleben, muss aber nicht. Man kann sich genauso gut einfach auf die große, breite Treppe setzen, Kaffee trinken und Kuchen essen und den Kindern beim Experimentieren zuschauen.

TIPP: Ganz in der Nähe ist der ehemalige Ost-West-Grenzübergang Bösebrücke mit großer Infogalerie zum Mauerfall.

**Adresse** Osloer Straße 12, 13359 Berlin-Wedding, www.labyrinth-kindermuseum.de // **ÖPNV** U 8, Haltestelle Pankstraße; U9, Haltestelle Osloer Straße; S 1, S 2, S 8, S 9, S 25, S 85, Haltestelle Bornholmer Straße; Bus 150, Haltestelle Drontheimer Straße; Bus M27, Haltestelle Osloer Straße/Prinzenallee // **Öffnungszeiten** Mai–Sept. Fr 13–18 Uhr, Sa, So 11–18 Uhr; Okt.–April Do, Fr 13–18 Uhr, Sa, So 11–18 Uhr; in den Schulferien täglich geöffnet // ab 3 Jahre

# 52_ DIE LÄNGSTE BANK BERLINS

*Wie viele Leute können hier nebeneinandersitzen?*

Kinder sitzen zwar prinzipiell nicht gern, (vor allem nicht gern sehr lange), aber wenn sie diese Bank sehen, werden sie sich draufsetzen. Ganz sicher. Dieses Exemplar lädt einfach dazu ein. Sie wirkt so unwahrscheinlich lang, dass fast jedes Kind erst einmal von einem Ende zum anderen rennt und prüft, ob es sich auch wirklich nur um eine Bank und nicht eventuell um mehrere Bänke handelt. Und siehe da, es ist tatsächlich eine zusammenhängende, sehr, sehr lange Sitzgelegenheit.

Sie steht im Prenzlauer Berg genau an der Ecke, wo die Kollwitzstraße auf die Wörther Straße trifft. Zusammen mit Büschen und Bäumen füllt sie eine ehemalige Baulücke perfekt aus und schlängelt sich im Grunde einmal quer über die Ecke, die auch »Schöne Ecke Prenzlauer Berg« genannt wird. Die Sitzbank ist 54 Meter lang und damit die längste Bank Berlins.

Die Bank ist komplett aus Holz und die Sitzfläche ist eher geschwungen. Ob sie bequem ist oder nicht, muss wahrscheinlich jeder selbst entscheiden. Auf jeden Fall hat sie eine ziemlich hohe Lehne. Wie viele Kinder auf die Bank passen, ist natürlich abhängig von der Größe der Kinder. Vermutlich passen ungefähr 120 Kinder nebeneinander auf die Bank oder vielleicht sogar noch einige mehr? Das könnte noch einmal ausprobiert werden.

Berlins längste Bank ist ein guter Ort zum Ausruhen nach langen Spaziergängen, für ein kleines Mittagsschläfchen, für eine Kuchenpause oder um Geschichten vorzulesen. Sie ist ein Ort, um die vorbeilaufenden Menschen zu beobachten oder die Einkäufe vom Kollwitzmarkt zu sichten.

**Adresse** Kollwitzstraße, Ecke Wörther Straße, 10405 Berlin-Prenzlauer Berg // **ÖPNV** U3, Haltestelle Senefelder Platz oder Eberswalder Straße // **Öffnungszeiten** ständig zugänglich // ab 0 Jahre

**TIPP:** Geht man etwas weiter die Kollwitzstraße Richtung Berlin-Mitte entlang, dann ist auf der rechten Seite der Abenteuerspielplatz Kolle 37. Kinder ab sechs Jahre können hier ohne Eltern bauen und spielen.

# 53_ DIE LÄNGSTE ROLLTREPPE DER STADT

*Mama, wann sind wir da?*

Höher, schneller, weiter … Superlative sind für Kinder sehr wichtig. Permanent wird verglichen und gemessen und geschaut, wer größer ist, wer besser ist, wer witziger ist, wer lauter ist, wer stärker ist. Die Liste könnte man unendlich fortführen.

Auch draußen wird die Suche nach Extremen in allen Bereichen fortgesetzt. Die Rolltreppe im U-Bahnhof Gesundbrunnen ist definitiv ein solches Extrem. Direkt gegenüber dem Eingang zum Gesundbrunnencenter befindet sich der U-Bahnhof Gesundbrunnen. Er wurde in den 30er Jahren des vorigen Jahrhunderts eröffnet.

Betritt man das U-Bahn-Haus, kommt man sich ein wenig vor wie in einem Schwimmbad. Alles ist in verschiedenen Hellblau- und Hellgrüntönen gefliest, und zwar komplett vom Boden bis zur Decke, auch die Rolltreppe. Sie ist das eigentliche Highlight. Die Rolltreppe zur U 8 ist nämlich die längste Rolltreppe der Berliner Untergrundbahnen, die allerlängste.

Genauer gesagt sind es sogar zwei Treppen. Eine fährt runter, und die andere fährt hoch. Beide Rolltreppen sind jeweils exakt 14,05 Meter hoch und haben je 160 Stufen. Eine Fahrt dauert schon eine ganze Weile. Man fährt und fährt und fährt. Wer es genau wissen will: Die Fördergeschwindigkeit der beiden Rolltreppen beträgt 0,5 Meter pro Sekunde. Wie lange es sie schon gibt, ist nicht so ganz klar. Fakt ist, dass diese Rolltreppe, die aktuell im U-Bahnhof Gesundbrunnen täglich hoch- und runterfährt, 2014 gebaut wurde.

Adresse Badstraße 1–3, 13357 Berlin-Gesundbrunnen // ÖPNV U 8, Haltestelle Gesundbrunnen // Öffnungszeiten ständig zugänglich // ab 3 Jahre

TIPP: Die kürzeste Rolltreppe in der Berliner U-Bahn findet man im Bahnhof Kaiserdamm.

# 54_DIE LIEBERMANN-VILLA AM WANNSEE

*Ein Garten wie aus dem Bilderbuch*

»Unsere Jugend denkt bloß noch an Fußballspielen. Ist das so? Ich würde mich freuen, wenn es nicht so wäre«, hört man den Maler Max Liebermann (1847–1935) auf einer Tonbandaufnahme des Berliner Rundfunks von 1932 sagen – ein rares Zeitdokument, das man im Multimedia-Zimmer der Liebermann-Villa anhören kann. »Was man als Kind erlebt, vergisst man so leicht nicht«, sagt er auch. Die Chancen stehen gut, dass die Schönheit dieses Ortes auch im Gedächtnis seiner kleinen Besucher haften bleibt. Wenn man im Garten die Blumen bewundert und den Blick über den Wannsee hinüber zum Strandbad schweifen lässt, könnte man fast meinen, in ein impressionistisches Gemälde gepurzelt zu sein.

Kakao und Kuchen werden auf der Terrasse eingenommen, wie das auch Familie Liebermann in den Sommermonaten zu tun pflegte. 1909 hatte Max Liebermann, der die Künstlergruppe Berliner Secession mitgegründet hat, sein »Schloss am See« bauen lassen. Hier malte er alles, was ihm vor die Nase kam: seine Frau Martha, die Tochter Käthe und die Enkelin Maria. Noch häufiger aber hat er seinen herrlichen Garten auf Leinwand verewigt und dafür ganz schön viel Öl- und Pastellfarbe verbraucht; mehr als 400 Werke sind in der Villa entstanden.

Nachdem Max Liebermann gestorben war, musste seine Frau das Anwesen 1940 verkaufen. Die Nationalsozialisten waren an der Macht – und die Liebermanns Juden. Erst 1952 bekam es ihre Tochter, die in die USA geflüchtet war, zurück. Seit 2006 ist die Villa ein Museum.

TIPP: Kleine Künstler ganz groß: In Neukölln können Kids im wunderbaren KinderKünsteZentrum erkunden, was es mit der Kunst auf sich hat. www.kinderkuenstezentrum.de

**Adresse** Colomierstraße 3, 14109 Berlin-Wannsee, www.liebermann-villa.de // **ÖPNV** S 1, S 7, Haltestelle Wannsee; Bus 114, Haltestelle Liebermann-Villa // **Öffnungszeiten** April – Sept. täglich außer Di 10 – 18 Uhr, Okt. – März täglich außer Di 11 – 17 Uhr; an Feiertagen geöffnet, freier Eintritt für Kinder bis 14 Jahre // ab 4 Jahre

# 55_ DAS MACHMIT! MUSEUM FÜR KINDER

*Klettern in der Kirche*

»Ob wir uns in der Adresse geirrt haben?«, fragt sich wohl manches Besuchergrüppchen, wenn es vor dem Museum in der Senefelderstraße steht. Der Zweifel kommt nicht von ungefähr, erhebt sich vor ihnen doch die stattliche, 1910 geweihte Eliaskirche. Da diese von der Gemeinde jedoch nicht länger getragen werden konnte, erhielt das Kinder- & Jugendmuseum Prenzlauer Berg das Nutzungsrecht. Seit 2003 wird das Kirchengebäude mit neuem Leben respektive quietschvergnügten Kinderstimmen erfüllt.

Wie viel es im umgebauten Kirchenschiff zu entdecken gibt! Die mit viel Liebe zum Detail gestalteten interaktiven Wechselausstellungen zum Beispiel: Noch bis Juni 2018 läuft die Ausstellung »Der weite Horizont. Indianische Kulturen & die Kunst des Kennenlernens«, die einen Bogen vom romantischen Indianerbild Karl Mays zum realen Leben der Native Americans schlägt.

Zur Dauerausstellung im Erdgeschoss gehören ein Spiegelkabinett, die Museumsdruckerei und der historische Seifenladen. Über eine Tribüne gelangt man hinauf in den oberen Stock, wo mit dem Altarbild und der Grüneberg-Glöckner-Orgel ein Stück Vergangenheit aufblitzt. Am sieben Meter hohen und zehn Meter breiten Kletter-Labyrinth toben die Kids am liebsten – nach so viel Input ist das auch nötig! –, oder sie betätigen sich an den angedockten Kreativstationen. Für die kleine Verschnaufpause gibt es ein Familiencafé; am schönsten sitzt man auf der Empore, direkt neben den großen Kirchenfenstern, durch die an sonnigen Tagen ein warmes Licht fällt.

**Adresse** Senefelderstraße 5, 10437 Berlin-Prenzlauer Berg, www.machmitmuseum.de // **ÖPNV** U 3, Haltestelle Eberswalder Straße; S 8, S 9, S 41, S 42, Haltestelle Prenzlauer Allee; Tram M 10, Haltestelle Prenzlauer Allee / Danziger Straße, M2, Haltestelle Fröbelstraße // **Öffnungszeiten** Di – So und Feiertage 10 – 18 Uhr // ab 3 Jahre

**TIPP:** Für Karl-May-Fans: In Reinickendorf gibt es einen nach dem Abenteuerautor benannten Spielplatz in der Thurgauer Straße 66, nahe der Weißen Stadt, einer Häusersiedlung der Berliner Moderne.

# 56_DER MÄRCHENBRUNNEN

*Hänsel und Gretel in Groß*

»Das ist Schneewittchen! Mit eins, zwei, drei … sieben Zwergen! Und das da … das ist Rotkäppchen!« Das Märchenraten geht heiter weiter, denn zu beiden Seiten der Kaskaden warten noch acht Grimm'sche Jugendstil-Figuren darauf, erkannt zu werden: die sieben Raben, der gestiefelte Kater, Hänsel und Gretel, Brüderchen und Schwesterchen, Hans im Glück, Aschenputtel und Dornröschen. Aufmerksamen Märchenkennern entgeht auch der Froschkönig in der Mitte des Brunnens nicht.

Das über 100 Jahre alte Märchenparadies – es wurde 1913 eingeweiht – befindet sich am westlichen Eingang des Volksparks Friedrichshain. Im Sommer gibt es in Berlin fast keinen schöneren Ort, um seine Füße im Wasser und die Seele gleich mit baumeln zu lassen. Und warum nicht mal den Spieß umdrehen und sich die dargestellten Märchen von den Kindern erzählen lassen?

Eine nette kleine Anekdote gibt es zu Schneewittchen: Auf ihrem Schoß sitzt ein Zwerg mit Bart und Brille, der dem Berliner Maler Adolf Menzel ähnelt. Mit seiner realistischen Darstellung der Berliner Arbeitswelt soll er bei Kaiser Wilhelm II. so sehr in Ungnade gefallen sein, dass dieser verbot, nach seinem Tod ein Denkmal für ihn zu errichten. Seine kreativen Kollegen fanden somit doch noch einen Weg, ihm die Ehre zu erweisen.

Wer weiter auf Entdeckungstour geht, findet rechter Hand auf dem heckengesäumten Seitenweg vier Säulen mit Büsten der Märchenfiguren Rübezahl, Menschenfresser, Riesentochter und Frau Holle und auf der Rückseite der Anlage den hübschen Delphinbrunnen.

TIPP: Wo die Phantasie schon angekurbelt ist, lässt sie sich im Indianerdorf in der Mitte des Parks weiter ausleben.

**Adresse** Friedenstraße / Am Friedrichshain, 10249 Berlin-Friedrichshain // **ÖPNV** Tram M4, Bus 200, 240, Haltestelle Am Friedrichshain // **Öffnungszeiten** Ostern bis Ende Okt. Mo–Fr 8–22 Uhr, Sa, So 9–22 Uhr; im Winter sind die Figuren abgedeckt // ab 1 Jahr

# 57_DIE MARKTHALLE NEUN

*Kochen mit Kids*

Ursprünglich gab es mal 14 historische Markthallen in Berlin. Heute gehört die 1891 eröffnete Markthalle Neun in Kreuzberg neben der Ackerhalle in Mitte und der Arminiusmarkthalle in Moabit zu den drei letzten noch erhaltenen Exemplaren. Zum Glück wurde 2011 die alte Marktstruktur wiederbelebt, und viele kleine Händler bieten seitdem in dem historischen Gebäude regionale und internationale Köstlichkeiten an. Das ist ein kulinarisches Glück – auch für die Kids! Am Street Food Thursday können sie sich durch die Küchen der Welt futtern, und Freitag und Samstag steht im Rahmen des Wochenmarkts oft Kinder-Kochen auf dem Programm. Wer da einmal mitgemacht hat, weiß, wie anständige Waffeln, Pizza oder Fritten fabriziert werden.

Auf dem heiß geliebten Naschmarkt gibt es immer ein leckeres Kinderprogramm, und beim Food Festival Cheese Berlin wird am Mini-Käsekessel der Frage »Wie stellt man Käse her?« auf den Grund gegangen. Spannend sind auch Geschmacksexperimente wie »Dose, Glas oder frisch – schmecke den Unterschied!« auf dem Obst- und Gemüsemarkt. Höhepunkt des Jahres ist der gemütliche Weihnachtsmarkt mit Keksebacken, Kerzenziehen und Märchenlauschen.

Und beim Kinderflohmarkt können die Kinder in der Halle ihre Bücher, Bälle, Spiele und Figuren verkaufen, ganz ohne Anmeldung oder doofe Standgebühr. Und Eis und andere Leckereien gibt's auch!

Adresse Eisenbahnstraße 42/43, 10997 Berlin-Kreuzberg, www.markthalleneun.de // ÖPNV U 1, Haltestelle Görlitzer Bahnhof; Bus 140, Haltestelle Wrangelstraße // Öffnungszeiten Do 17–22 Uhr, Fr 12–18 Uhr, Sa 10–18 Uhr // Kinderkochkurse ab 4 Jahre

**TIPP:** Nach dem Schnabulieren lohnt sich ein Abstecher Richtung Lausitzer Platz zum Kinder-Secondhandladen Rosenrot in der Eisenbahnstraße 48.

# 58_DAS MARMELÄDCHEN

*Willkommen bei der Kräuterhexe*

Wie kann man ganz schnell dem Großstadttrubel entfliehen? Man besucht Annegret Ebel in ihrem Garten. Geht man von der Straße in Französisch Buchholz durch das Holztor, betritt man eine kleine verwunschene Welt. Alles ist grün umrankt, überall blühen wilde Blumen, und es duftet nach den verschiedensten Kräutern. Das ist der Garten der Kräuterhexe, wie Annegret Ebel sich selber schmunzelnd nennt. In der kleinen Idylle vergisst man kurzzeitig, dass man sich eigentlich in der Hauptstadt Berlin befindet.

Verschlungene Wege führen zum Baumhaus, es winken Keramikelfen aus den Beeten, und kleine handgemachte Schilder führen die Gäste zu den verschiedenen Stationen. Überall kann man spielen und sich verstecken. Ganz hinten können sogar die Kaninchen gestreichelt oder die stolzen Hähne beobachtet werden. Annegret Ebel verbreitet eine unglaubliche Freude und gute Laune, sodass alle Kinder begeistert mitmachen – beim Filzen, beim Laternenbasteln, beim Kerzenziehen, beim Brotbacken, einfach bei allem, was die gute Seele des Marmelädchens ihren kleinen Gästen anbietet.

Wenn die Kräuterhexe die Kinder dann noch zum Traumzauberbaum führt, spürt man einmal mehr die Magie des Ortes, denn hier, unter Blättern und klimpernden Glaskugeln, kann sich jedes Kind ganz fest etwas wünschen. Ob die Wünsche in Erfüllung gehen, ist fast egal, wenn am Ende eines Tages im Marmelädchen aus Stadtkindern kurz kleine Naturkinder geworden sind und diese fröhlich mit einem selbst gebackenen Brot unterm Arm oder einem selbst gemachten Kräuteröl in der Hand nach Hause gehen.

TIPP: Einige Stationen mit der Tram M 50 Richtung Pankow entfernt ist die Feuerwache Pankow, eine große neue Wache. Hier kann man Feuerwehrautos oder Rettungswagen losfahren oder ankommen sehen.

**Adresse** Schönhauser Straße 55, 13127 Berlin-Französisch Buchholz, www.marmelaedchen-berlin.de, Tel. 030/4741844 // **ÖPNV** U 3, Haltestelle S- und U-Bahn Pankow; Tram 50, Haltestelle Guyotstraße; Bus 250, Haltestelle Grumbkowstraße // **Öffnungszeiten** je nach Anfrage, bitte vorher per Mail oder telefonisch anmelden // ab 4 Jahre

# 59_ DER MAUERPARK

*Festivalatmosphäre for free*

Was tun an einem langen Berliner Sommersonntag? Sich mit der ganzen Familie in das Abenteuer Mauerpark stürzen und Teil dieses wuseligen Ameisenhaufens werden! Es kann schon mal passieren, dass man von einer wasserspritzenden Blechskulptur begrüßt wird und ein paar Meter weiter staunend vor einer Band stehen bleibt, die völlig abgefahrenen Instrumenten Klänge entlockt.

Lässt man sich weitertreiben durchs internationale Sprachengewirr, vorbei an Jongleuren, Trommlern und einem frisch formierten Basketballteam, landet man schließlich am Amphitheater. Hier gibt es jeden Sonntagnachmittag Open-Air-Karaoke vom Feinsten. Das ist zwar längst kein Geheimnis mehr, aber die Stimmung ist nach wie vor grandios.

2008 hat Joe Hatchiban, Initiator des Spektakels, zum ersten Mal Parkbesucher zum Singen gebracht; heute pilgern Hunderte Menschen aus aller Welt hierher, um mitzuträllern, Applaus zu spenden oder sich für die Dauer eines Songs selbst wie ein Star zu fühlen.

Wer sich nicht auf die Bühne traut, aber trotzdem hoch hinauswill, erklimmt einfach die Böschung und erobert sich mit ein bisschen Glück eine der Schaukeln direkt an der Mauer. Diese steht zwar unter Denkmalschutz, darf aber dennoch live und in Farbe von Graffiti-Sprayern verschönert werden. Von dort oben hat man einen tollen Blick über das gesamte Geschehen und den Wedding. Schwer zu glauben, dass diese wunderbare Spielwiese bis 1989 Teil des Todesstreifens der DDR-Grenzanlagen gewesen ist.

Adresse Eberswalder Straße 1, 10437 Berlin-Prenzlauer Berg // ÖPNV U 8, Haltestelle Bernauer Straße, U 3, Haltestelle Eberswalder Straße; Tram M 10, Haltestelle Friedrich-Ludwig-Jahn-Sportpark // Öffnungszeiten Mauerpark-Karaoke von April bis Ende Oktober bei schönem Wetter, Eintritt frei // ab 3 Jahre

**TIPP:** Ob Playmobilmännchen, Lustige Taschenbücher oder Puppenwagen – auf dem Mauerpark-Flohmarkt wird jeder fündig.

# 60_DIE MENGENLEHREUHR

*Wie spät ist es?*

Fast wäre man vorbeigelaufen an der Berlin-Uhr, wie die Mengenlehreuhr in Charlottenburg auch genannt wird. Man muss nämlich ganz schön den Kopf nach oben recken, um die sieben Meter hohe Uhr zu entdecken. Etwas versteckt steht sie in einer Ecke vor dem Europa-Center auf der Seite des Zoologischen Gartens.

Entwickelt wurde sie 1975 von Dieter Binninger im Auftrag des Berliner Senats und stand ursprünglich am Kurfürstendamm, Ecke Uhlandstraße. Die Mengenlehreuhr ist tatsächlich die erste Uhr, die die Zeit anhand von farbigen Feldern anzeigen kann.

Aber wie funktioniert sie denn nun? Die Uhr hat vier waagerecht untereinander angeordnete Reihen mit blinkenden Elementen. In der ersten Zeile sind vier rote Felder. Jedes Feld steht für fünf volle Stunden, also fünf, zehn, 15, 20. In der nächsten Reihe sind auch vier rote Felder, die jeweils für eine volle Stunde stehen. Mit beiden Reihen zusammengenommen kann man also insgesamt 24 Stunden darstellen.

In der dritten Reihe sind elf orange und rote Felder. Jedes der Felder steht für fünf Minuten. Die roten Felder stehen für die Viertelstunden, also die vergangenen 15, 30 und 45 Minuten. In der vierten Reihe sind vier Felder, die für die einzelnen Minuten stehen. Mit den Leuchten der dritten und vierten Reihe können 59 Minuten dargestellt werden. Addiert man die ersten beiden Reihen, erhält man die Stunden, und durch Zusammenrechnen der letzten beiden Reihen ergeben sich die Minuten. Die runde Lampe oben ist der Sekundenanzeiger.

**TIPP:** Eine weitere außergewöhnliche Uhr befindet sich im Europa-Center: die Uhr der fließenden Zeit. Das mit Flüssigkeit betriebene Chronometer erstreckt sich über drei Etagen.

Adresse Budapester Straße 45, 10787 Berlin-Tiergarten // ÖPNV U3, S3, S5, S7, Haltestelle Zoologischer Garten; Bus 100, 200, Haltestelle Breitscheidplatz // Öffnungszeiten ständig zugänglich // ab 5 Jahre

# 61_ DER MILCHSALON

*Gute Kinderkonzerte*

Kindermusik, die auch Eltern ertragen und sogar gern hören? Die sammelt der Milchsalon regelmäßig in ganz Deutschland und bringt sie auf die Bühne. Seit 2011 kann man in verschiedenen Szene-Clubs rockige Bands, Hip-Hop oder Punk und Heavy Metal hören, mit Kindertexten, versteht sich, aber in einem Erwachsenenambiente. Der Privatclub, die Ufa Fabrik oder das Kesselhaus sind einige der Orte dafür.

Dahinter steckt die Idee von Patricia Parisi, die irgendwann einfach keine Lust mehr hatte, mit ihren Kindern irgendwelche Tralla-la-Musik zu hören. Sie machte sich also auf die Suche nach echten Bands, die coole Kindermusik machen und möglichst auch in Deutsch singen. Gefunden hat sie mittlerweile so einige.

Die Milchsalon-Konzerte sind richtige kleine Wochenend-Events. Bis zu 800 Personen besuchen die Konzerte. Ungefähr die Hälfte davon sind Kinder, die andere Hälfte die Eltern. Das Besondere am Milchsalon-Konzept ist, dass die Locations tatsächlich richtige Clubs für Erwachsene sind, in denen abends Rock- und Jazzkonzerte stattfinden.

Mindestens einmal im Monat ist jetzt aber am Nachmittag nur für Kinder und ihre Eltern geöffnet. Die nehmen das Angebot gerne an, denn es fühlt sich auch für die Eltern ein wenig so an, als wäre man wirklich abends bei einem Konzert in einem Club. Und während die Kinder lauthals mitsingen oder wild rumspringen und tanzen, können ihre Eltern bei Cola, Limo oder einem Bier im Hintergrund entspannen und der Musik lauschen oder auch einfach mittanzen und mitsingen. Hier ist das für Groß und Klein auf jeden Fall erlaubt.

Adresse An wechselnden Orten in Berlin, zum Beispiel im Kesselhaus, Schönhauser Allee 36, 10435 Berlin // ÖPNV U 2, Tram 12, M 10, M 1, Haltestelle Eberswalder Straße // Öffnungszeiten siehe www. milchsalon.de // ab 3 Jahre

**TIPP:** Einmal im Jahr findet im Rahmen des Musikfestivals Lollapalooza das Kindermusikfestival Kidzapalooza statt. www.lollapaloozade.com

# 62_ MINIATURGOLF AM SCHÄFERSEE

*Das Runde ins Runde*

Ein Gartenzaun umgibt die klassische 18-Loch-Anlage, am Kiosk gibt's die obligatorische Fruchtgummi-Palette für Kids und Bier für die Stammkundschaft. Ein Ort wie aus einem Andreas-Dresen-Film, mitten im Kiez. Seit 55 Jahren gibt es den Minigolfplatz mit Blick auf den See. »Früher haben ihn meine Schwiegereltern betrieben, jetzt machen das meine Frau und ich schon seit 30 Jahren«, erzählt Gerd Plura nicht ohne Stolz. »Und er bleibt hoffentlich auch in Familienbesitz«, fügt er mit einem Seitenblick auf Sohn Marc hinzu. Der lächelt.

Ausgerüstet mit je einem Schläger – es gibt auch kleine Modelle für Kinder – und vier Bällen, kann es losgehen. Die Spielregeln prangen auf einer Tafel und lauten zusammengefasst: »Zweck des Spiels ist es, den Ball mit möglichst wenigen Schlägen vom Abschlag ins Ziel der jeweiligen Bahn zu bringen.« Das sagt sich so einfach! Wer sich mit der gleichen kindlichen Leidenschaft wie sein(e) Mitspieler ins Zeug legt, erlebt eine emotionale Achterbahnfahrt. Kaum fühlt man sich wie ein Wunderkind – ein Ass! – , verzweifelt man an der nächsten Herausforderung. »Es gibt Naturtalente, die verstehen schon mit fünf Jahren, wie man den Schläger hält, andere halten ihn noch mit 30 wie ein Mikadostäbchen oder einen Kochlöffel«, konstatiert Karin Plura.

Nach Bahn 18 steht der Gewinner fest; den Sieg feiert man am besten mit einem Eis am Kiosk. Und weil's so nett ist am Schäfersee, kann man noch den großen Spielplatz auf der anderen Seite inspizieren. Oder ein Boot mieten und sich auf dem See treiben lassen.

**Adresse** Am Schäfersee, 13407 Berlin-Reinickendorf // **ÖPNV** U 8, Bus 128, 250, 327, N 8, Haltestelle Franz-Neumann-Platz; Bus 327, N 8, Haltestelle Stargardtstraße // **Öffnungszeiten** März–April und Sept.–Nov. 12–19 Uhr, Mai–Aug. 11–20 Uhr // ab 6 Jahre

**TIPP:** Auf dem Tempelhofer Feld haben Künstler des Projekts »nuture Mini ART Golf« 18 kunstvolle Bahnen kreiert. Geöffnet von März bis Oktober.

# 63_ DER MODELLPARK

*Mit einem Schritt vom Bundestag zur Karl-Marx-Allee*

Märchen, in denen Riesen eine Rolle spielen, üben eine unheimliche Faszination auf Kinder aus. Wie wäre es denn, selbst einmal Riese zu spielen? Im Modellpark Berlin-Brandenburg in der Wuhlheide ist das möglich. Hier ist auch das kleinste Kind schon ein mächtiger Riese. Der Miniaturpark befindet sich auf einem ehemaligen Sportplatz und ist ungefähr einen Hektar groß. Auf dem gesamten Gelände sind über 80 Minigebäude verteilt. Die Modelle werden alle in Handarbeit gefertigt und originalgetreu nachgebaut. Damit sie auch Regen und Schnee gut überstehen, werden sie aus verschiedenen Kunststoffen, Metallen und Steinen modelliert und mit wetterfesten Farben gestrichen.

Steht man nun auf dem Gelände, hat man das Bedürfnis, in der Hocke weiterzulaufen, da alle Gebäude nur ungefähr ein bis höchstens drei Meter hoch sind. In den Bundestag kann man oben durch die Glaskuppel hineinschauen, und durch die Karl-Marx-Allee läuft man in weniger als einer halben Minute. Vor dem Planetarium tummeln sich kleine Leute, und auf der nachgebildeten Havel zwischen Berlin und Potsdam quaken doch tatsächlich echte Frösche. Durch das Brandenburger Tor passt man leider nicht, aber dafür kann man sich die Quadriga einmal ganz genau anschauen.

Zusätzlich sind an fast allen Miniaturobjekten kleine Lautsprecher, aus denen auf Knopfdruck die zum Ort passenden Geräusche, also Glockengeläut, das Muhen einer Kuh oder Stimmengemurmel, kommen.

**TIPP:** Mit der Parkeisenbahn Wuhlheide kann man quer durch den Park fahren. Achtung: Bitte vorher online schauen, ob und wie sie fährt.

Adresse An der Wuhlheide 81, 12459 Berlin-Oberschöneweide, www.modellparkberlin.de // ÖPNV S 3, Haltestelle Karlshorst, Tram M 17, 27, 37, Haltestelle Hegemeisterweg, dann 500 Meter Fußweg; oder S 3, Haltestelle Wuhlheide, dann mit der Parkeisenbahn Wuhlheide bis FEZ. Vom FEZ sind es ungefähr 20 Minuten Fußweg. // Öffnungszeiten April–Sept. täglich 10–18 Uhr, Okt. täglich 10–17 Uhr // ab 1 Jahr

# 64_DAS MUSEUM FÜR KOMMUNIKATION

*Vom Rauchzeichen zum Smartphone*

Dass ihre Eltern noch ohne Computer und Handy aufgewachsen sind, finden viele Kinder schon komisch. Aber dass ein handgeschriebener Brief tagelang mit der Postkutsche von A nach B transportiert werden musste, um beim Empfänger anzukommen? Unvorstellbar im WhatsApp-Zeitalter! War aber tatsächlich so. Sämtliche Beweisstücke befinden sich im Museum für Kommunikation Berlin, das 1872 gegründet wurde und damit das älteste Postmuseum der Welt ist. Aber keine Bange, hier geht es alles andere als verstaubt zu. Begrüßt wird man von drei lustigen Robotern, die geschäftig durch den Lichthof sausen. Das würde dem Gründer des Hauses, Generalpostmeister Heinrich von Stephan, bestimmt sehr gut gefallen. Er war seiner Zeit immer einen Schritt voraus und hat nicht nur die Postkarte, sondern auch das Telefon in Deutschland eingeführt.

In der Dauerausstellung gibt es für jede Generation etwas zu entdecken, von interaktiven Kommunikationsstationen über die Installation »Berliner Luftpost« von Stefan Sous bis zur Blauen und Roten Mauritius. Bei den Veranstaltungen steht die Taschenlampenführung »Was machen die Roboter nachts im Museum?« bei kleineren Kinder hoch im Kurs, und der Workshop »WhatsApp, Instagram & Co. Internet-Sprechstunde zum sicheren Surfen für Kids und Eltern« ist für Kids ab neun Jahre besonders spannend.

**Adresse** Leipziger Straße 16, 10117 Berlin-Mitte, www.mfk-berlin.de // **ÖPNV** U 3, Bus 200, Haltestelle Mohrenstraße, U 3, U 6, Haltestelle Stadtmitte; Bus 265, M 48, Haltestelle U Stadtmitte/Leipziger Straße // **Öffnungszeiten** Di 9–20 Uhr, Mi–Fr 9–17 Uhr, Sa, So und Feiertage 10–18 Uhr, Museumseintritt für Kinder frei // ab 5 Jahre

TIPP: Wie wär's mit einem Abstecher zum »schönsten Platz Berlins«? Auf dem Gendarmenmarkt weht mit Konzerthaus, Deutschem Dom und Französischem Dom ein historischer Wind.

# 65_ DAS MUSEUM FÜR NATURKUNDE

*Jurassic Park in Mitte*

»Ist der gut oder böse?« Eine berechtigte Frage, wenn man das erste Mal in seinem Leben vor einem gigantischen Saurierskelett steht. »Der Brachiosaurus hier mit seinem endlos langen Hals war ein Pflanzenfresser und ein ganz Lieber, der Allosaurus dagegen mit seinen Riesenzähnen war eher … nicht so nett«, könnte die Antwort lauten. Die beiden sind die imposantesten Exemplare der »Saurierwelt« im Lichthof des Museums, der über 13 Meter große Brachiosaurus ist sogar das höchste aufgebaute Saurierskelett der Welt!

Aber wie haben die Giganten wirklich ausgesehen, damals, vor 150 Millionen Jahren? Ein Blick durchs interaktive Fernrohr, das Juraskop, haucht den ausgestellten Exemplaren virtuelles Leben ein und zeigt sie als 3-D-Animationen auf der Jagd. Der berühmteste der uralten Herrschaften ist ein gewisser Tristan Otto, das einzige Originalskelett eines Tyrannosaurus Rex auf europäischem Boden. In der spannenden Ausstellung über den 66 Millionen Jahre alten, zwölf Meter langen, vier Meter hohen und sechs Tonnen schweren Raubsaurier erfährt man, was die paläontologische Forschung bis dato über ihn herausgefunden hat.

Noch nicht ganz so viele Jahre auf dem Buckel hat ein sehr beliebtes und erst 2011 verstorbenes Raubtier: Im Ausstellungsraum »Highlights der Präparationskunst« hat Eisbär Knut, einst größte Attraktion des Berliner Zoos, seine letzte Ruhestätte gefunden und schaut seine kleinen und großen Besucherinnen und Besucher mit täuschend echten Bärenaugen an.

TIPP: Ebenfalls an der Invalidenstraße liegt die tolle Plansche am Nordbahnhof, die mit ihren kunterbunten Fischfiguren auch optisch ganz schön was hermacht.

Adresse Invalidenstraße 43, 10115 Berlin-Mitte // ÖPNV S 1, S 2, Haltestelle Nordbahnhof, Tram M 5, M 8, M 10, M 12, Bus 245, N40, Haltestelle U Naturkundemuseum, Bus 120, 123, 142, 245, N20, N40, Haltestelle Invalidenpark // Öffnungszeiten siehe www.naturkundemuseum.berlin // ab 3 Jahre

# 66_ DAS MUSEUMSDORF DÜPPEL

*Zeitreise ins Mittelalter*

Wie funktioniert ein Leben ohne Heizung, Leitungswasser und Supermärkte? Vor 800 Jahren musste tatsächlich erst Holz zum Heizen gesucht, Wasser aus dem Brunnen geschöpft und Roggen geerntet werden, bevor man Brot backen konnte. Wie eine Dorfgemeinschaft den Alltag ohne jedweden Luxus meisterte, lässt sich im Freiluftmuseum hautnah und auf historischem Boden erleben.

Bei archäologischen Ausgrabungen kamen 1967 neben Spuren von Häusern auch Palisaden, Brunnen und Alltagsgegenstände aus dem 12. Jahrhundert zum Vorschein. In den folgenden Jahren wurden die Häuser, Werkstätten, Speicher, Gärten und Felder detailgetreu rekonstruiert und 1975 als Museumsdorf eröffnet. Mit Leben erfüllt wird es von Mitarbeitern, die an den Wochenenden kleine und große Besucher in das mittelalterliche Handwerk, die Landwirtschaft und die Tierhaltung einweisen. Da spinnt die Weberin Schafwolle zu Faden und verarbeitet ihn am Webstuhl zu Stoff, der Schmied fertigt Feuereisen an, und in der Töpferei entstehen Keramiktöpfe. Bei Kindern besonders beliebt sind die fürs Mittelalter typischen Nutztiere. Wie ihre Vorfahren lernen die Ochsen Max und Moritz gerade das Pflügen, und das Weidenschwein-Pärchen Olga und Knut sorgt ebenso wie die vom Aussterben bedrohten Skudden-Schafe jedes Jahr für niedlichen Nachwuchs.

Im Museumsdorf finden auch Mittelalter-, Ritter- und Erntefeste statt, und beim Kindertag im September stehen mittelalterliche Spiele auf dem Programm und der Düppeltaler ganz hoch im Kurs.

**Adresse** Clauertstraße 11, 14163 Berlin-Zehlendorf, www.dueppel.de // **ÖPNV** Bus 115, Haltestelle Ludwigsfelder Straße, Bus 118, 622, Haltestelle Clauertstraße // **Öffnungszeiten** in der Saison an Wochenenden und Feiertagen 10–18 Uhr // ab 3 Jahre

**TIPP:** Im Ephraim-Palais, das wie das Museumsdorf Düppel zum Stadtmuseum Berlin gehört, kann man unter dem Motto »Ich sehe was, was du nicht siehst« in 45 Minuten außergewöhnliche Objekte und Geschichten rund um die Hauptstadt entdecken.

# 67_ DAS MUSIK-INSTRUMENTEN-MUSEUM

*Vom Wald zum Klang*

Kinder und Musik, das passt eigentlich immer und ganz von allein. Da muss man gar nicht groß nachhelfen. Ein Besuch im Musikinstrumenten-Museum ist von daher einfach ein großer Spaß, denn hier kann man sich jederzeit rund 800 der insgesamt 3.500 Instrumente anschauen.

Wer schon lesen kann, sollte unbedingt die tolle Instrumenten-Schnitzeljagd machen. Mit Hilfe einer App (ein Tablet kann man sich vor Ort leihen) oder einfach mit Zettel und Stift wird man durch das gesamte Museum geschickt und bekommt teilweise ziemlich außergewöhnliche Informationen zu den Instrumenten oder der Zeit, aus der sie stammen. Beispielsweise erfährt man, dass Friedrich II., König von Preußen, ein sehr guter und vor allem enthusiastischer Querflötenspieler war.

In der oberen Etage ist eine ganze Ecke für Kinder eingerichtet, der Electronic Sound Garden. Die interaktive Tanzfläche, die nur durch Bewegung zum Leben erweckt wird, ist bei Kindern wie auch bei Erwachsenen ziemlich beliebt. Man kann sich nur schwer wieder vom Dancefloor »KosmiX« lösen. Aber daneben lockt gleich ein anderes elektronisches Instrument, das »XenaX«, auf dem man mit einer Art Zauberstift selber ganze Melodien komponieren kann. Die Kleineren können in der Kinderecke magnetische Instrumenten-Puzzle zusammensetzen oder Instrumentenbilder ausmalen.

Auf dem Weg zur Garderobe kann man sich rechter Hand noch sehr anschaulich die Entstehung einer Geige vom Baumstamm bis hin zur fertigen, spielbereiten Geige anschauen und jeden einzelnen Fertigungsschritt auch anfassen.

**TIPP:** Einmal im Jahr findet das Festival für selbstgebaute Musik an verschiedenen Orten in Berlin statt. In Workshops kann man Musikinstrumente selber bauen und miteinander musizieren.

**Adresse** Tiergartenstraße 1, Eingang Ben-Gurion-Straße, 10785 Berlin-Tiergarten, www.simpk.de/mim_3.html // **ÖPNV** diverse S- und U-Bahnen, Haltestelle U-Bahnhof Potsdamer Platz // **Öffnungszeiten** Mo geschlossen, Di, Mi, Fr 9–17 Uhr, Do 9–20 Uhr, Sa, So 10–17 Uhr // ab 5 Jahre

# 68_ DAS NIHOMBASHI

*Das bunteste Sushi-Restaurant in Berlin-Mitte*

Früher oder später kommt immer der Hunger. Wie gut, dass Berlin da jede Menge Abwechslung zu bieten hat und vor allem auch Orte, die für Groß und Klein wie gemacht sind. Einer dieser Orte ist das Nihombashi im Weinbergsweg, ganz in der Nähe des Rosenthaler Platzes.

Im Nihombashi fühlt man sich wie in einer Pop-Art-Welt, fast wie in einem modernen Gemälde. Schon draußen muss man kurz verweilen, um den »fliegenden« Fisch über dem Eingang zu bestaunen. Das Interieur des Sushi-Restaurants ist kunterbunt, aber doch beruhigend, mit wilden Fischzeichnungen und verrückten, schrillen Formen an den Wänden. Über den Köpfen hängen farbige Kabel, und die roten Lampen tauchen den gesamten Raum in ein doch gemütliches Licht. Die Stühle haben sogar die perfekte Höhe für Kinder, aber auch als Erwachsener fühlt man sich darauf äußerst wohl.

Der Name des Restaurants, Nihombashi, kommt aus Japan und bezeichnet eine Brücke in Tokio. Von der modernen asiatischen Welt haben sich die beiden Architekten, beide Absolventen der Universität der Künste, inspirieren lassen. Die Einrichtung wirkt wie eine Mischung aus japanischen U-Bahnhöfen, Küchen und Springbrunnen. Tatsächlich ist aber keines der Möbelstücke aus Japan importiert, sondern alles ist selbst designt und in Berlin hergestellt. In jeder Ecke des Restaurants gibt es etwas zu entdecken, sogar in den Toilettenräumen.

Vor lauter Design und Farbigkeit vergisst man fast zu essen. Sollte man aber nicht, denn hier wird hervorragendes japanisches Fingerfood serviert.

Adresse Weinbergsweg 4, 10119 Berlin-Mitte, www.nihombashi.de // ÖPNV U8, Bus 142, Tram M1, M8, Haltestelle Rosenthaler Platz // Öffnungszeiten Mo–So 12–0 Uhr // Alter: je nach geschmacklichen Vorlieben

**TIPP:** Gleich um die Ecke, in der Rosenthaler Straße, gibt es einen U-Bahn-Ausgang, der mitten in einem Wohnhaus ist. Man steigt quasi durch die Toreinfahrt in die U-Bahn hinunter.

# 69_ DIE OBERBAUM-BRÜCKE

*Ein Drehort für Emil und die Detektive*

Den Roman »Emil und die Detektive« von Erich Kästner kennt jedes Kind. Die letzte Verfilmung ist aus dem Jahr 2001. Die Geschichte ist modernisiert, an die Zeit angepasst. Die Story aber bleibt: Es geht um Emil und die Überführung eines Diebes.

Emil wird nach Berlin geschickt und erlebt dabei das ein oder andere Abenteuer. Auf der Fahrt werden ihm von einem Dieb seine gesamten Ersparnisse gestohlen. In Berlin angekommen, trifft er auf eine Kinderclique, die ihm helfen will, das Geld zurückzubekommen. Dank ihnen gelingt es Emil, dem Dieb einen Koffer, in dem vermeintlich sein Geld ist, zu entwenden. Es stellt sich dann aber heraus, dass in dem Koffer weiteres Diebesgut, Schmuck und Diamanten sind.

Als der Dieb feststellt, dass er bestohlen wurde, nimmt er die Spur der Kinder auf – und eine wilde Verfolgungsjagd durch die ganze Stadt beginnt.

Die Oberbaumbrücke, die die Stadtteile Friedrichshain und Kreuzberg verbindet, ist Schauplatz dieser Verfolgungsjagd. Über die Brücke fährt Emil mit der U-Bahn, als er versucht, den Verfolger abzuschütteln.

Die U-Bahn fährt natürlich auch im echten Leben täglich. Man kann sie direkt von der Brücke aus beobachten und so die Filmszene sehr gut nachempfinden.

Adresse Oberbaumbrücke, 10243 Berlin-Friedrichshain/-Kreuzberg // ÖPNV U3, Bus 165, 265, Haltestelle Schlesisches Tor; Bus 347, Haltestelle Oberbaumbrücke; U1, S3, S5, S7, S75, Tram M10, Bus 248, 347, Haltestelle Warschauer Brücke // Öffnungszeiten ständig zugänglich // ab 5 Jahre

TIPP: Auch die Neuverfilmung des Klassikers »Timm Thaler oder das verkaufte Lachen« wurde zu großen Teilen in Berlin gedreht.

# 70_ DAS ÖKOWERK BERLIN

*Raus aus der Stadt, rein in die Natur*

Je weiter man in den Grunewald vordringt, desto mehr verschluckt er die Autobahngeräusche der AVUS, bis sie schließlich gar nicht mehr zu hören sind. Diese Ruhe! Das Grün! Die frische Luft! Macht man sich mit dem Fahrrad auf den Weg zum Ökowerk, fängt das Naturerlebnis schon kurz hinter der S-Bahn-Station Grunewald an. Etwa zehn Minuten durch den Wald, dann noch ein Stück entlang der Teufelsseechaussee, und schon ist man am Ziel. Das Naturschutzzentrum, sehr idyllisch am Teufelssee gelegen, befindet sich im ältesten erhaltenen Wasserwerk Berlins. Zwischen 1872 und 1969 wurden von hier aus Charlottenburg, Zehlendorf und Neukölln mit Wasser versorgt.

Auf dem schön angelegten Gelände gibt es eine ganze Menge zu entdecken. Frösche, Libellen und Zauneidechsen in der Teichlandschaft, einen Blütenbesucher- und einen Biogarten, Bienenschaukästen, einen großen Lehmbackofen und einen Wasserspielplatz, auf dem kleinere Kinder großen Spaß haben. Kids ab sechs Jahren können an Workshops wie »Wildpflanzenküche«, »Das Who is Who im Garten« oder »Färberwerkstatt« teilnehmen. Schon manches Stadtkind hat an diesem wunderbaren Ort seine Leidenschaft für die Natur entdeckt und in der Wildnis begeistert Holz gesammelt, geschnitzt und sogar eine Hütte gebaut. Das von Waldökologen und Naturpädagogen angeleitete Ferienprogramm erfreut sich großer Beliebtheit – also frühzeitig anmelden, wer Interesse an dieser Art von Survival-Training hat.

**TIPP:** In den Sommermonaten bietet es sich an, in den direkt angrenzenden Teufelssee zu hüpfen. Einen Blick auf die ehemalige Abhörstation auf dem Teufelsberg gibt's inklusive!

**Adresse** Teufelsseechaussee 22, 14193 Berlin-Grunewald // **ÖPNV** S 7, Haltestelle Grunewald; S 5, Haltestelle Heerstraße // **Öffnungszeiten** siehe www.oekowerk.de, Mo, Di Ruhetag, Eintritt frei // ab 3 Jahre

# 71_ DAS OLYMPIA-STADION

*Blick hinter die Hertha-Kulissen*

In 30 Meter Höhe greifen die Olympischen Ringe ineinander, links und rechts erheben sich Bayern- und Preußenturm und im Hintergrund das Stadion. In dessen Innerem geht es architektonisch ähnlich imposant zu: Auf der Westseite thront das Marathontor mit der olympischen Feuerschale, dahinter erstreckt sich das Grün des Maifelds bis hin zum Glockenturm.

Diese monumentale Kulisse wurde für die Olympischen Spiele 1936 erbaut und vom NS-Propagandaministerium medienwirksam in Szene gesetzt.

Genau 70 Jahre später – es ist das Finale der Fußballweltmeisterschaft 2006 – stehen sich im rundum modernisierten Olympiastadion Berlin die Nationalteams von Frankreich und Italien gegenüber. Getreu dem WM-Motto »Die Welt zu Gast bei Freunden« fiebern 69.000 internationale Fußballfans beim Elfmeterschießen mit, das schließlich die Squadra Azzurra für sich entscheidet. Ob die Laufbahn rund um das Spielfeld deshalb so leuchtend blau ist? Natürlich nicht, das weiß doch jedes (fußballbegeisterte Berliner) Kind. Blau ist die Vereinsfarbe von Hertha BSC, die seit Gründung der Bundesliga 1963 ihre Heimspiele hier austrägt.

Wie es in den Spielerkabinen aussieht oder wo Angela Merkels Stammplatz auf der VIP-Tribüne ist, erfahren die Kids im Rahmen einer Führung oder einer Kindergeburtstagstour, die in der Aufwärmhalle endet, die schon Sprinter-Star Usain Bolt bei der Leichtathletik-WM 2009 vor seinen Weltrekordläufen nutzte.

**Adresse** Olympischer Platz 3, 14053 Berlin // **ÖPNV** U 3, S 5, Haltestelle Olympiastadion; Bus 218, M 49, Haltestelle Flatowallee, Bus 104, Haltestelle Neu-Westend // **Öffnungszeiten** siehe www.olympiastadion.berlin // ab 6 Jahre

**TIPP:** Auch das Stadion des 1. FC Union An der Alten Försterei ist eine Führung wert. Es ist das größte reine Fußballstadion Berlins und wurde zum großen Teil von den eigenen Fans gebaut.

# 72_ PAINT YOUR STYLE

*Malstudio für kleine und große Keramik-Künstler*

Keramik-Rohlinge, so weit das Auge reicht. »Was möchte ich bemalen?« ist erst mal die Frage. Eine Cupcake-Form? Eine Zahnfee-Schatulle, einen Marmeladentopf oder doch lieber eine Flugzeug-Spardose? Und dann auch noch: Welche Farbe soll's denn sein? Ja, die Entscheidung fällt schwer. Mit Pinsel und Drehscheibe ausgestattet, kann es losgehen. Wer nicht frei zeichnen möchte, kann es mit Stempeln, Schablonen und Malvorlagen versuchen. Oder mit Füßchen: Einmal im Monat gibt es den Babytag, an dem frischgebackene Eltern die Fußabdrücke ihrer Babys auf Keramik stempeln können.

Inspiriert von einem USA-Trip, gründete das Ehepaar Sandra Grygier und David Myers 1997 das Paint Your Style nahe dem Savignyplatz. »In San Francisco hatten wir ein Geschäft dieser Art entdeckt und waren sofort begeistert. Die Idee, dieses Konzept auch in Berlin zu etablieren, ging uns nicht mehr aus dem Kopf. Zurück aus dem Urlaub entstand innerhalb weniger Monate der erste Laden in Charlottenburg.« Mittlerweile gibt es auch Ableger in Kreuzberg, Friedrichshain, Prenzlauer Berg, Schöneberg, Zehlendorf, Köpenick und Falkensee. Egal, in welchem Berliner Stadtteil auf Keramik gepinselt wird – am Ende des Tages werden alle Kunstwerke glasiert und in einem großen Ofen bei 1.000 Grad gebrannt. Wenn man sein Kunstwerk dann nach 24 Stunden abholen kann, ist das fast ein bisschen wie früher, wenn man seine Urlaubsfotos zum Entwickeln gebracht hatte und das Ergebnis kaum abwarten konnte.

Adresse Bleibtreustraße 46, 10623 Berlin-Charlottenburg // ÖPNV S3, S5, S7, S75, Haltestelle Savignyplatz // Öffnungszeiten siehe www.paintyourstyle.de // ab 4 Jahre

**TIPP:** Im kinderfreundlichen Chokocafé in der Bleibtreustraße 15 gibt's allerhand Naschereien. Besonders lecker: die heiße Schokolade!

# 73_ DER PARK AM GLEISDREIECK

*Chillen oder rasen zwischen U- und S-Bahn*

Berlin hat ziemlich viele Grünflächen mitten in der Stadt zu bieten. Eine der neuesten Flächen, man kann sie getrost als urban bezeichnen, ist der Park am Gleisdreieck. Zwischen Potsdamer Platz und Schöneberg schlängelt sich der rund 26 Hektar große Park, bestehend aus Ostpark und Westpark. Das Gelände wurde vor mehr als 100 Jahren als Bahnknotenpunkt gebaut, lag aber über mehrere Jahrzehnte brach. 1997 entschied die Stadt, aus dem Gelände einen City-Park zu machen.

Auf der einen Seite kann man hier wunderbar auf breiten Betonwegen Fahrrad oder Roller fahren, inlineskaten oder auch einfach nur rennen und auf den Wiesen toben oder Ball spielen. Auf der anderen Seite ist der Park so weitläufig, dass man viele ruhige Orte findet, um die Picknickdecke auszupacken oder um die Natur zu beobachten.

Vor allem im Ostpark hat sich die Natur große Teile des ehemaligen Bahngeländes »zurückgeholt«. Hier findet man noch so einige alte Bahngleise und Signalanlagen. Im Naturerfahrungsraum, einem speziell für Kinder konzipierten Bereich, können sie matschen und planschen und unberührte Natur und Pflanzen erleben und sich damit beschäftigen.

Für ganz kleine Kinder ist der Spielbereich im Westpark unter den Gleisen besonders schön. Zwischen kleinen, im Gummiboden angelegten Hügeln befinden sich in den Boden eingelassene Trampoline. Für größere Kinder sind die Streetballplätze oder die im Ostpark befindliche 1.300 Quadratmeter große Skateranlage ideal. Und überall verteilt sind Schaukeln, Tischtennisplatten, Bewegungsgeräte und der ein oder andere Spielplatz.

TIPP: Das Café Eule im Westpark ist ideal für Familien, und der hausgemachte Kuchen ist spitzenmäßig.

**Adresse** Möckernstraße 26, 10963 Berlin-Kreuzberg/-Schöneberg, www.gruen-berlin.de/park-am-gleisdreieck // **ÖPNV** Ostpark: U 1, U 7, Haltestelle Möckernbrücke; U 7, S 1, S 2, S 25, Bus M 19, N 7, Haltestelle Yorckstraße; Westpark: U 3, Bus M 29, Haltestelle Mendelssohn-Bartholdy-Park; U 1, U 3, Haltestelle Gleisdreieck; U 1, Haltestelle Kurfürstenstraße oder Bülowstraße; U 3, Haltestelle Bülowstraße; U 7, S 1, S 2, S 25, Bus M 19, N 7, Haltestelle Yorckstraße // **Öffnungszeiten** ständig geöffnet // ab 0 Jahre

# 74_DIE PFAUENINSEL

*Berlins schönster Ort zum Radschlagen*

Die Fähre »Luise« erwartet die Besucher der Pfaueninsel schon. Nach einer kurzen Fahrt über die Havel holt man sich am besten gleich im Museumsshop das kostenlose Faltblatt »Gartendenkmal Pfaueninsel. Eine Entdeckungstour für Kinder«, das neben einer Karte auch kleine Geschichten zu den Insel-Highlights beinhaltet. Eines davon ist das weiße Schloss mit zwei Türmchen, das von Weitem wie eine romantische Ruine aussieht. Aber halt – so kann man sich täuschen! Einmal an die Wand geklopft, ist klar, dass es gar nicht aus Stein, sondern aus bemaltem Holz ist. Weiter geht es in den Rosengarten, zur Wasserfontäne auf dem höchsten Punkt der Insel und zur Volière, in der neben verschiedenen Pfauenarten auch strubbelige Seidenhühner und elegante Goldfasane zu sehen sind. Am aufregendsten aber sind die frei im Landschaftspark herumstolzierenden Blauen Pfaue, die der preußische König Friedrich Wilhelm II. 1795 auf dem damaligen »Caninchenwerder« ansiedelte. Im Frühling sieht man mit etwas Glück ein Männchen sein spektakuläres Rad schlagen – womit es allerdings weniger den Besuchern als vielmehr den Pfauendamen gefallen möchte.

Nach einer Rast auf der Liegewiese kann die Entdeckungsreise Richtung Molkerei fortgesetzt werden. Die preußische Königin Luise besuchte diese gern mit ihren Kindern. Nachdem sie mit nur 34 Jahren gestorben war, errichtete der traurige König Friedrich Wilhelm III. in der Nähe den Luisentempel, der an ihre glücklichen Sommermonate auf der Insel erinnern soll.

TIPP: Gegenüber der Pfaueninsel ließ König Friedrich Wilhelm III. 1819 für seinen Schwiegersohn, den späteren Zaren Nikolaus, das Blockhaus Nikolskoe errichten. Heute ist es ein Ausflugslokal mit malerischem Blick auf die Havel.

**Adresse** 14109 Berlin-Wannsee, www.spsg.de // **ÖPNV** Bus 218, Haltestelle Pfaueninsel // **Öffnungszeiten** siehe Webseite // ab 0 Jahre

# 75_ DAS PFÖRTNER CAFÉ

*Eine Busfahrt, die ist lustig*

»Schulbus, Schulbus, jeden Morgen treff ich dich. Schulbus, Schulbus, und manchmal wart ich lang auf dich. Schulbus, Schulbus, und ist die Schule aus, dann steig ich ein und fahr mit dir, so schnell ich kann, nach Haus.« Es gibt einen Ort, der dem von Rolf Zuckowski besungenen Transportmittel ein Denkmal setzt: das Pförtner Café auf dem Uferhallengelände.

Wo 1895 die erste elektrische Straßenbahn Berlins nach Pankow startete und sich bis 1961 ein Straßenbahnbetriebshof der BVG befand, geht es heute deutlich gemütlicher (und auch appetitlicher) zu.

2013 wurde das alte Pförtnerhäuschen zum Restaurant umfunktioniert und ein alter Schulbus aus den 1970er Jahren angedockt, in dem sich heute orangefarbene Retro-Sitze, einfache Holztische und bunte Lichterketten zu einem charmanten Ganzen zusammenfügen. Kinder lieben ihn – wo sonst kann man vorne auf dem Fahrersitz sitzen, am großen Lenkrad drehen und sämtliche vorhandenen Knöpfe drücken, ohne ausgeschimpft zu werden?

Im Gegensatz zu echten Schulbusfahrten ist Essen im Pförtner Café ausdrücklich erwünscht – die meisten Besucher kommen sogar extra wegen der hervorragenden Pausenbrote, äh, Küche und Kuchen hierher.

Und irgendwie benehmen sich auch alle ganz gut – keine Spur von »Schieben, schubsen, meckern, motzen« wie in Zuckowskis Schulbus-Hymne.

Adresse Uferstraße 8–11, 13357 Berlin-Gesundbrunnen, www.pfoertner.co // ÖPNV U 8, Bus M27, Haltestelle Pankstraße // Öffnungszeiten Mo–Fr 9–23 Uhr, Sa 11–23 Uhr, Eintritt frei // ab 5 Jahre

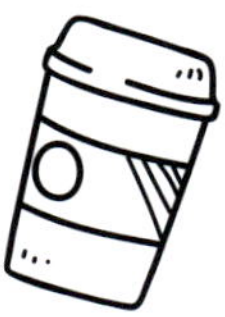

**TIPP:** Der Wedding ist grün:
Im solidarischen Lehrgarten ElisaBeet
können Kinder aus der Nachbarschaft im
Lernparcous spielerisch Stadtnatur und
Umwelt kennenlernen.

# 76_DIE PHILHARMONIE BERLIN

*Hier gibts was auf die Ohren!*

Von außen sieht sie ein bisschen aus wie ein Zirkuszelt. Und von innen auch: Im riesigen Konzertsaal spielt das Orchester in der Mitte und das Publikum sitzt drumherum. Jeder Ton, der auf der Bühne gespielt wird, ist deutlich bis in die letzte Reihe zu hören. Wegen ihres tollen Klangs ist die Philharmonie weit über die Grenzen der Stadt hinaus bekannt. Sie wurde Anfang der 1960er Jahre nach Entwürfen des Architekten Hans Scharoun gebaut und war ein absolutes Novum in Sachen Architektur und Akustik. 1963 spielten die Berliner Philharmoniker unter der Leitung des berühmten Dirigenten Herbert von Karajan das Eröffnungskonzert, und seitdem lauscht hier das Publikum den besten Musikerinnen und Musikern der Welt.

Einen verspielten Einstieg in die wunderbare Welt der klassischen Musik bieten die 40-minütigen Mitmachkonzerte, die speziell auf Drei- bis Fünfjährige zugeschnitten sind. Mitsingen, -schnipsen und -tanzen ist hier ausdrücklich erwünscht! Kleine und große Musikfans ab sechs Jahren können bei den einstündigen Familienkonzerten viele Instrumente und Melodien kennenlernen. Auf dem Programm stehen zum Beispiel Musikstücke aus Mussorgskis »Bilder einer Ausstellung« und Tschaikowskis märchenhafter Oper »Jolanthe«. Die Berliner Philharmoniker gestalten die 60 Minuten so bunt und unterhaltsam, dass ihnen nicht nur die Kids begeisterte Aufmerksamkeit schenken. Ein musikalischer Spaß für die ganze Familie!

Adresse Berliner Philharmonie, Herbert-von-Karajan-Str. 1, 10785 Berlin-Tiergarten, www.berliner-philharmoniker.de // ÖPNV U 2, Haltestelle Potsdamer Platz oder Mendelssohn-Bartholdy-Park; S 1, S 2, S 25 und RE 3, RE 4, RE 5, Haltestelle Potsdamer Platz; Bus 200, Haltestelle Philharmonie, M 48, M 85, Haltestelle Kulturforum oder Varian-Fry-Straße, M9, Haltestelle Potsdamer Brücke, M41, Haltestelle Potsdamer Platz // Öffnungszeiten siehe Webseite

**TIPP:** Läuft man von der Philharmonie Richtung Potsdamer Platz, steht man schon bald vor der riesigen Lego-Giraffe am Sony-Center – eine prima Kulisse für lustige Fotos!

# 77_DER PHOTO-AUTOMAT

*Können wir das noch einmal machen?*

Kameras ziehen Kinder magisch an. Wenn fotografiert wird, möchten sie am liebsten auch sofort sehen, wie das Foto geworden ist. Da das heutzutage nun meistens digital passiert, geht das normalerweise ganz schnell. Das einzelne Foto ist aber auch schnell wieder vergessen.

Ganz anders beim Photoautomaten. Da dauert das Entwickeln eines Fotos etwas länger, aber die Fotos hat man dann wirklich für die Ewigkeit. Spaß macht das ganze Prozedere allemal und ist kinderleicht.

Im Hof der Kulturbrauerei im Prenzlauer Berg steht ein solcher Photoautomat. Also rein in den Automaten. Vorhang zu. Die Kinder am besten auf den Stuhl stellen oder auf den Schoß nehmen. Zwei Euro in den Schlitz werfen. In die Kamera gucken und lachen, Grimassen ziehen oder mal ganz ernst gucken. Es blitzt ganze vier Mal und Schluss. Dann heißt es warten. Einige Minuten später spuckt der Automat an der Vorderseite den Bilderstreifen mit vier Schwarz-Weiß-Fotos aus. Und damit jedes Kind einen Fotostreifen bekommt, wiederholt man das Ganze am besten gleich noch einmal.

Besonders gut funktioniert das Spielchen, wenn die Stimmung der Kinder bei längeren Wanderungen durch die Stadt etwas in den Keller gerutscht ist. Denn die Photoautomaten machen Laune, und früher oder später muss man einfach lachen. Und am Ende nimmt man ein schönes und witziges Andenken mit nach Hause.

TIPP: In der Vorweihnachtszeit ist im Hof der Kulturbrauerei einer der schönsten Weihnachtsmärkte Berlins.

Adresse im Hof beziehungsweise Biergarten der Kulturbrauerei – Schönhauser Allee 36, 10435 Berlin-Prenzlauer Berg, www.photoautomat.de // ÖPNV U 2, Tram M 1, 12, M 10, Haltestelle Eberswalder Straße // Öffnungszeiten ständig geöffnet // ab 0 Jahre

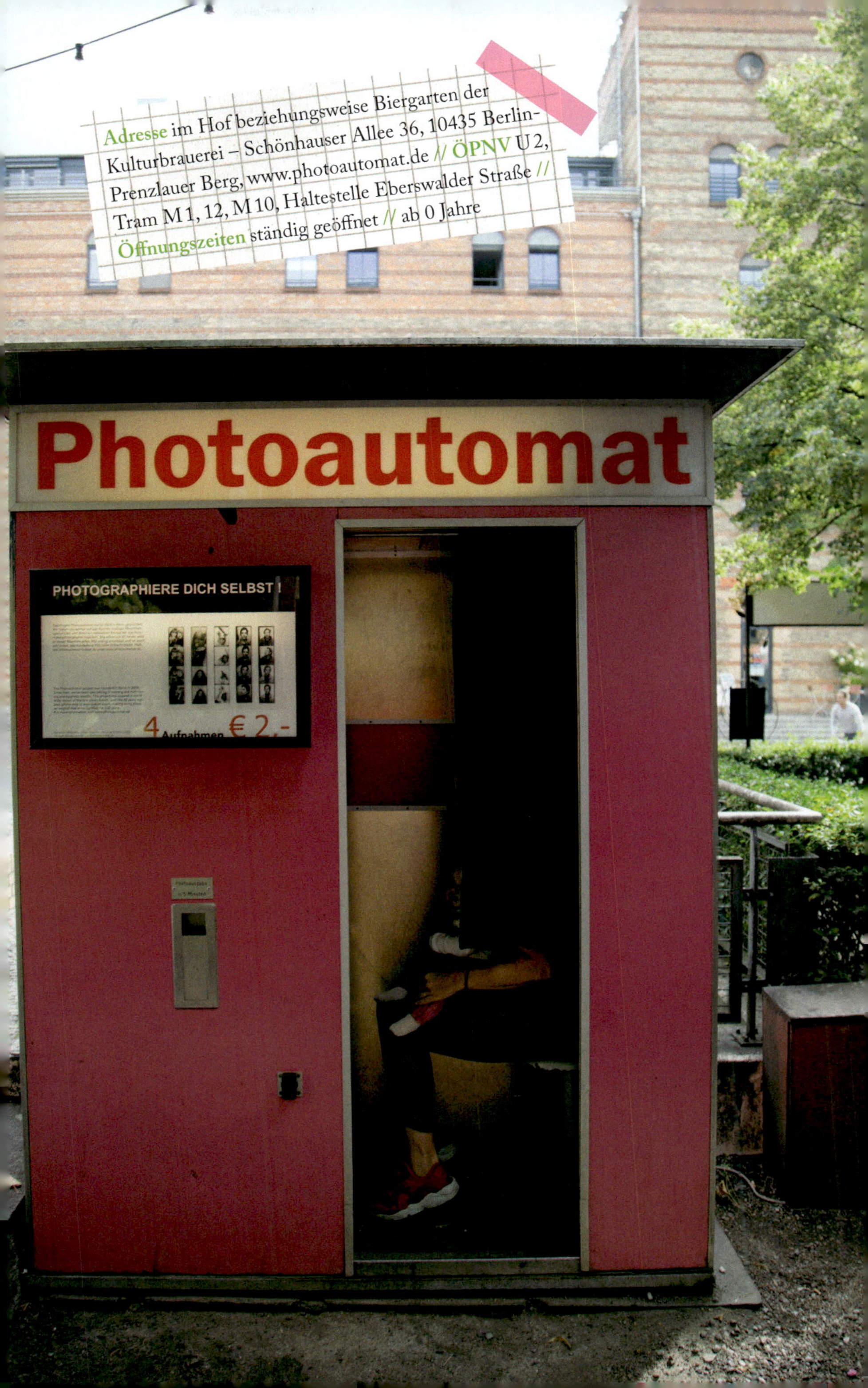

# 78_ DIE PLANSCHE PLÄNTERWALD

*Kindheitserinnerungen auf- und erfrischen*

Hört man von fern quietschvergnügte Kinderstimmen, ist man richtig. Bis zur Plansche kann es jetzt nicht mehr weit sein. Und tatsächlich, wir haben es geschafft! Eingerahmt von wasserspeienden Seehundfiguren, Duschen und Sprühsäulen rennen große und kleine Kinder wild kreischend hin und her – bis sich das kühle Nass eine kleine Verschnaufpause gönnt. Dann, die Freude ist groß, geht der Spaß von vorne los. Und Sonne und Wasser zaubern gemeinsam einen kleinen Regenbogen.

Einige Besucher kommen gerne mit den Enkelkindern hierher, weil sie schöne Kindheitserinnerungen mit der 1954 eröffneten Plansche verbinden.

In der DDR gab es diese Art »Erfrischungsanlagen« vor allem in familienreichen Berliner Neubauvierteln, damit sich im Sommer jedermann kostenlos und direkt vor der Haustür abkühlen konnte und dafür nicht extra aus der Stadt rausfahren musste. Nach der Wende wurden viele Planschen stillgelegt, da sie nicht mehr den modernen Standards entsprachen.

Das Publikum an der Plansche Plänterwald ist für Berliner Verhältnisse angenehm gemischt, die Stimmung sehr entspannt. Es ist Platz genug für alle, und wer sich auf dem Trockenen betätigen will, kann im Schatten auf der Liegewiese herumlümmeln, schaukeln, Tischtennis spielen und auf dem Kletterschiff oder der -spinne herumtollen. Was will man mehr an einem heißen Sommertag?

**Adresse** Dammweg 1c, 12437 Berlin-Treptow // **ÖPNV** S 8, S 9, S 85, Haltestelle Plänterwald; Bus 265, Haltestelle Neue Krugallee/Dammweg // **Öffnungszeiten** Mitte Mai – Mitte Sept. Di – So 9 – 18 Uhr bei Sonne und Temperaturen über 20 Grad Celsius, Eintritt frei // ab 2 Jahre

TIPP: Wer mit dem Fahrrad von der anderen Spreeseite anreist, kann mit der BVG-Fähre F11 von Wilhelmstrand nach Baumschulenweg übersetzen und so mindestens zwei aufregende Minuten erleben.

# 79_DER POCKET PARK

*Hinsetzen erlaubt*

Die Florastraße in Pankow ist eine gemütliche Straße mit nicht allzu hohen Häusern und kleinen Läden. Man ist also leicht irritiert, wenn man in der Baulücke neben dem Kinderbuchladen die vielen Möbel entdeckt. Sind die echt? Sie sehen auf jeden Fall von Weitem täuschend echt aus. Beim Herangehen und näheren Betrachten sieht man dann, dass sie komplett aus Beton und mit Tausenden Mosaiksteinchen besetzt sind. Außerdem sind die Möbel auch überdimensional groß.

Der sogenannte Pocket Park oder die »Gute Stube« wurde im Jahr 2005 von dem Künstlerpaar Christine Gersch & Igor Jerschov errichtet und erhielt auch just den Gustav-Meyer-Sonderpreis für die sehr außergewöhnliche Gestaltung. Schaut man genauer hin, erkennt man nämlich den Grundriss eines Hauses mit verschiedenen Zimmern. Vor der Haustür ist sogar der originale Vorgarten des im Zweiten Weltkrieg zerstörten Wohnhauses wiederhergestellt worden.

Geht man nun durch die »Haustür« in die imaginäre Wohnung, lädt rechter Hand die große Stube mit Sofa, zwei Sesseln und einem Tisch mit einem Mensch-ärgere-Dich-nicht-Brett zum Spielen ein. Spielsteine und Würfel mitbringen ist auch ausdrücklich gewünscht. Gegenüber gelangt man durch eine imaginäre Tür in die kleinere Stube mit einem Bett. Die Bettdecke ist zurückgeschlagen, man möchte sich direkt hineinlegen. Dahinter ist die Küche mit vier Hockern und einem Tisch mit Schachbrett, rechts daneben der Flur mit einem Ohrensessel und einer Stehlampe.

Adresse Florastraße 87, 13187 Berlin-Pankow // ÖPNV U3, M1, M50, Haltestelle Pankow; S1, Haltestelle Wollankstraße; Bus 255, Haltestelle Wollankstraße/Florastraße; Bus 250, M27, Haltestelle Görschstraße // Öffnungszeiten ständig zugänglich // ab 1 Jahr

**TIPP:** In der Berliner Straße 11 ist die »The Little Window Galerie«, die kleinste Galerie in Berlin-Pankow.

# 80_ DIE PUPPENKLINIK

*Alles wird gut*

Wer Brigitta Polinnas kleinen Laden in der Richardstraße betritt, hat meist eine kaputte Puppe und die Hoffnung, dass »Frau Doktor« sie wieder aufpäppeln kann. Manche sind Erbstücke von Schildkröt und heißen Bärbel, Christel oder Inge, andere sind zwar weniger kostbar, haben aber einen hohen ideellen Wert. Bei Frau Polinna sind alle in guten Händen; sie verfügt nicht nur über ein enormes Fachwissen und mehr als 35 Jahre »OP-Erfahrung«, sondern auch über ein phantastisches Ersatzteillager. Unzählige Puppenköpfe und -körper, Ärmchen und Beine türmen sich in Laden und Hinterzimmer. »Sie denken, das ist unordentlich? Das ist nicht unordentlich. Ich weiß genau, wo was liegt!«, sagt Frau Polinna. Und die Art, wie sie es sagt, lässt keinen Zweifel daran.

Eigentlich hatte die gelernte Schneiderin und Sozialpädagogin 1981 nur eines ihrer Liebhaberstücke bei einem Puppendoktor in Kreuzberg zur Reparatur, als dieser plötzlich verstarb und seine Witwe den gesamten Fundus auf den Müll werfen wollte. Da blutete Frau Polinnas Sammlerherz, und sie beschloss gemeinsam mit einer Freundin, eine eigene Puppenklinik aufzumachen – im Böhmischen Viertel, in dem sie zu Hause ist. Von da an hatte sie neben ihrer Arbeit jeden Dienstag drei Stunden »Sprechstunde«, und daran hat sich auch nach ihrer Pensionierung nichts geändert. Die Oma einer Enkeltochter kann übrigens auch lädierte Teddybären oder kopflose Stofftiere heilen. Und damit viele traurige Kinder wieder glücklich machen.

**TIPP:** Im coco liebe in der Richardstraße 107 kann man ab elf Uhr superleckere (vegane) Kleinigkeiten im typischen Neukölln-Ambiente futtern. Nice!

Adresse Richardstraße 99, 12043 Berlin-Neukölln, www.puppenklinik-berlin.de // ÖPNV U 7, Haltestelle Karl-Marx-Straße // Öffnungszeiten Di 15–18 Uhr // ab 3 Jahre

# 81_DAS PUPPEN-THEATER-MUSEUM

*Wo die Marionetten tanzen*

In einem Hinterhof der Karl-Marx-Straße existiert eine entrückte Welt. Wer sie betritt, wird zunächst von der strengen Prusselise gemustert, die neben der Kasse sitzt und vermutlich auf Pippi Langstrumpf wartet. Weiter hinten im Raum hat es sich der Kleine Onkel gemütlich gemacht zwischen den 2.000 Handpuppen, Marionetten und Schattenfiguren, die vom ehemaligen Direktor und Gründer des Museums Nikolaus Hein und seiner Frau Brigitte gesammelt wurden. Im Namen der Puppenspielkunst waren sie mit ihrem 1986 gegründeten »Mobilen Puppentheater-Museum Berlin« durch die Lande gezogen, bis sie 1995 eine Heimat in Neukölln gefunden haben.

Die bekannteste Figur der Ausstellung ist die des Kaspar, der schon seit Ende des 18. Jahrhunderts sein Publikum zum Lachen bringt. Ein Exemplar aus den 1930er Jahren sticht heraus: Da den Nationalsozialisten seine Hakennase nicht passte, versuchten sie einen »deutschen« Kaspar mit Stupsnase und blondem Haar zu etablieren (was ganz schön in die Hose ging). Eine hervorstechende Nase hat auch die Marionette Pinocchio, die die Kids bei den spielerischen Führungen auf Trab hält, bevor ein Märchenerzähler mit den Bremer Stadtmusikanten die Bespaßung übernimmt. Im nostalgischen Papier- und Familientheater von 1900 schließlich braucht ein König unbedingt Hilfe beim Spaghettikochen. Ob das jemand im Publikum kann? Neben wechselnden Ausstellungen gibt es vor Ort auch wunderbare Puppentheateraufführungen wie etwa »Hänsel und Gretel« von Teatro en una maleta oder »Die Schneekönigin« mit Sylvia Barth.

**Adresse** Karl-Marx-Straße 135, 12043 Berlin-Neukölln, www.puppentheater-museum.de // **ÖPNV** U 7, Haltestelle Karl-Marx-Straße // **Öffnungszeiten** Di–So 10–14 Uhr mit Anmeldung, 14–18 Uhr ohne Anmeldung // ab 3 Jahre

**TIPP:** In der Helene-Nathan-Bibliothek in den Neukölln Arcaden gibt es neben einem gut sortierten Kinder- und Jugendbuch-Bereich auch einen herrlichen Ausblick über die Stadt.

# 82_DIE SANDGRUBE IM JAGEN 86

*Backe, backe Kieskuchen*

Der Grunewald steckt voller Überraschungen. Man muss nur den Weg kennen! Dieser führt vom S-Bahnhof Grunewald über den Schmetterlingsplatz etwa 15 Minuten den Schildhornweg entlang, bis es an einer Weggabelung rechts weitergeht. Bald darauf taucht auf der linken Seite eine Treppe auf, deren 134 Stufen hinunter in ein Naturschutzgebiet führen. Mit der Nord- und Südrampe gibt es noch zwei weitere Zugänge.

Beim Anblick der gigantischen Sandmassen gibt es kein Halten mehr: Die Kinder laufen los, lassen sich den Hang hinunterkullern und krabbeln ihn schnurstracks wieder hinauf. Und weil's so doll viel Spaß macht, gleich noch mal, hoch und runter, hoch und runter. Haben sie sich ausgetobt, können sie den Sand prima zum Buddeln, Burgenbauen oder Kuchenbacken nutzen, während die Erwachsenen einfach mal Beine und Seele baumeln lassen und sich vorstellen, gleich hinter dem Wäldchen beginne das Meer. (Tut es natürlich nicht. Aber der Teufelssee ist ganz in der Nähe!)

Entstanden ist dieses Paradies aus einer Kiesgrube, in der über 17 Jahre lang Bausand abgetragen wurde. Seit 1983 hat sich die Natur das 18 Hektar große und bis zu 25 Meter tiefe Areal peu à peu zurückerobert und mit Pflanzen und Tieren besiedelt. Graureiher, Libellen, Schmetterlinge und Zauneidechsen sind hier ebenso zu Hause wie über 350 Farn- und Blütenpflanzen. Neben Sand- und Rasenflächen gibt es in dem Naturschutzgebiet auch Gewässer, in denen viele Amphibienarten laichen und seltene Wasservögel wie der Zwergtaucher und Gras- und Moorfrösche leben.

**Adresse** Im Jagen 86, 14193 Berlin-Grunewald // **ÖPNV** S 7, Haltestelle Grunewald // **Öffnungszeiten** immer geöffnet, Eintritt frei // ab 3 Jahre

**TIPP:** Wenn es dunkel wird im Grunewald … bietet das Berliner Waldmuseum spannende Nachtwanderungen für Kids ab sechs Jahre an. Die Eltern dürfen auch mit! Anmeldung unter www.waldmuseum-waldschule.de.

# 83_DAS SCHLOSS CHARLOTTENBURG

*Zu Gast beim Alten Fritz und Königin Luise*

Wie wohnt eigentlich ein echter König? Um diese Frage zu beantworten, besucht man am besten ein echtes Schloss. Also auf zum Schloss Charlottenburg! Die erste Königin in Preußen, Sophie Charlotte, hatte es sich als Sommerresidenz errichten lassen. Ihr Enkel, Friedrich der Große, hat dann später ein bisschen angebaut, den Neuen Flügel im Rokoko-Stil zum Beispiel, der Mitte des 18. Jahrhunderts ganz groß in Mode war. Über den Alten Fritz erfährt man auch so manches in dem nett gemachten 30-minütigen Audio-Guide für Kinder ab sechs Jahren. Darin flattern die quirligen Engel Raffael und Angelino durch die königlichen Gemächer und erzählen lustige Anekdoten aus einer Zeit, die schon lange vorbei ist. Und das ist manchmal echt spannend! In der Schlafkammer Friedrich des Großen steht zwar leider kein Bett mehr, dafür gibt es aber eine echte Geheimtür – wo die wohl hinführt? Die Antwort weiß vielleicht die Kammerzofe Sophie, die in einer einstündigen Familienführung ganz schön aus dem Nähkästchen plaudert.

Auch die preußische Königin Luise hat im Schloss Charlottenburg gewohnt. Ihre elegante Schlafkammer ist ein Traum in Altrosa und wurde von dem damaligen Stararchitekten Karl Friedrich Schinkel entworfen. Nach ihrem Tod 1810 hat ihr Mann König Friedrich Wilhelm III. im Schlossgarten ein Mausoleum bauen lassen, in dem auch ihre berühmte Grabstatue zu sehen ist. Wer nach so viel »Geschichtsunterricht« Bewegung braucht, spaziert einfach weiter bis zum Spielplatz am nördlichen Ende des Parks.

TIPP: In den Sommermonaten kann man nach dem Schlossbesuch bei »Eis am Schloss« auf der anderen Seite des Spandauer Damms schlumpfblaues Eis schlemmen.

Adresse Spandauer Damm 10–22, 14059 Berlin-Charlottenburg, www.spsg.de // ÖPNV S 41, S 42, Haltestelle Westend; Bus 309, M 45, Haltestelle Schloss Charlottenburg, Bus 109, Haltestelle Luisenplatz/Schloss Charlottenburg // Öffnungszeiten siehe www.spsg.de // ab 5 Jahre

# 84_DER SCHNULLER-BAUM

*Bye-bye, Schnullerfee, hier kommt der Schnullerbaum*

Irgendwann kommt der Zeitpunkt bei den Kleinsten: Der Schnuller oder Nuckel muss weg. Das Dauerlutschen ist nicht gut für die Zähne, kann zu Fehlstellungen und sogar Sprachfehlern führen. Vor allem Zahnärzte empfehlen eine Schnullerentwöhnung bis zum 24. Lebensmonat des Kindes. Bisher hat die dafür erfundene Schnullerfee die Aufgabe übernommen, den Schnuller nachts mitzunehmen. Dafür gibt es dann ein kleines Geschenk. Jetzt hat die Schnullerfee Unterstützung bekommen: den Schnullerbaum.

Die Idee zum Schnullerbaum kommt aus Dänemark. Sobald die kleinsten Dänen ihre Nuckel loswerden müssen, werden alle im Haus existierenden Nuckel zusammengesucht und, manchmal sogar mit Wünschen versehen, an Schnullerbäume in den Wäldern oder Parks gehängt. Der älteste bekannte suttetræ (dänisch für Schnullerbaum) steht auf der dänischen Insel Thurø, wird nach wie vor ständig besucht und hängt voll mit bunten Schnullern.

Die dänische Schnuller-Tradition wurde nun auch nach Deutschland importiert. So einige Bäume gibt es schon, und einer davon steht in der Berliner Wuhlheide neben dem FEZ. Genau in der Mitte des Spielplatzes für die Kleinsten steht ein Eisenholzbaum mit einem kleinen Zaun ringsherum und einem großen Schild mit Schnullerzeichnung. Er ist also nicht zu übersehen. Hier drängen sich oft die Familien mit ihren Jüngsten, um gemeinsam den Schnuller an einen der noch freien Äste zu hängen und sich vom Nuckeln zu verabschieden.

**TIPP:** Direkt nebenan ist das FEZ mit diversen Freizeitmöglichkeiten, ob Theater, Kino, das Orbit-Raumfahrtzentrum oder Schwimmhalle. Hier kann man einen ganzen Tag verbringen.

**Adresse** Straße zum FEZ 2, 12459 Berlin-Oberschöneweide // **ÖPNV** S 3, Haltestelle Wuhlheide, dann mit der Parkeisenbahn Wuhlheide bis FEZ // **Öffnungszeiten** ständig geöffnet // ab 1 Jahr

# 85_DAS SCHÖNEBERGER SÜDGELÄNDE

*Welcome to the Bahnhof*

Kaum zu glauben, dass hier einmal »nur« ein Rangierbahnhof mit 60 parallel angeordneten Gleisen gestanden hat. 1889 eröffnet, zählte er zu den wichtigsten Güterumschlagplätzen Berlins. Nach dem Zweiten Weltkrieg und der Teilung Berlins wurde er 1952 stillgelegt – und etwas Wunderbares geschah: Über die Jahre eroberte sich die Natur das brachliegende Gelände zurück. In aller Ruhe konnte sich ein dichter Wald entwickeln, in dem sich viele Tiere »einnisteten«. Inmitten dieses Großstadturwalds blitzen überall Relikte aus der Dampflok-Ära hervor, Schienen, Weichen und eine der ältesten Drehscheiben Deutschlands etwa. Ein Spaziergang durch den Park steckt voller Überraschungen – im Spätsommer grast hier eine Schafherde, aber pssst! –, und zum Abschluss gibt's was Leckeres im Café in der Brückenmeisterei. Der Wasserturm, das Wahrzeichen des Natur-Parks, eine dekorative Dampflok und die alte Lokomotivhalle versprühen ebenso Industrie-Charme wie die Stahlkonstruktionen der Bildhauergruppe ODIOUS im Giardino Segreto.

Für Kinder gibt es das ganze Jahr über Programm im Park. Unter dem Motto »Raus aus der Bude – rein in die Natur!« findet das Auftaktfest »Frühlingserwachen« statt, und im Sommer ziehen die baumschlau Sonntagsforscher mit Kids ab fünf Jahre über das Südgelände, um verwunschene Ecken und lustige Krabbeltiere zu entdecken oder eine Bäume-Rallye zu absolvieren. Im Advent wird's rund um den Wasserturm stimmungsvoll, und die Kids können sich bei Bastel-Aktionen kreativ austoben.

Adresse Prellerweg 47–49, 12157 Berlin-Schöneberg, www.gruen-berlin.de // ÖPNV S2, S25, Bus 170, 246, M76, X76, Haltestelle Priesterweg // Öffnungszeiten Mo–So ab 9 Uhr bis Einbruch der Dunkelheit. Das Café Paresüd ist von April bis Oktober Sa, So und an Feiertagen von 11–18 Uhr geöffnet. // ab 0 Jahre

TIPP: Ja, wie funktioniert sie denn, die Dampfmaschine? Das und vieles mehr erfährt man bei der Museums-Rallye für Kinder im Berliner U-Bahn-Museum (www.ag-berliner-u-bahn.de).

# 86_ SCHWARZLICHT MINIGOLF

*Indoor ist's auch cool!*

Biegt man von der Skalitzer Straße kommend in die Görlitzer und dann direkt in den Park ein, ist es nur noch ein Katzensprung bis zum bunt besprühten ehemaligen Verladebahnhof. »Früher war hier mal das Gartenbauamt drin, und danach eine illegale Disco«, erzählt die heutige Pächterin Astrid Scheffner, die seit 2009 die Schwarzlicht-Minigolfanlage im Parkcafé betreibt. Nachdem man sich im Erdgeschoss Schläger und Instruktionen abgeholt hat, geht es eine steile Treppe hinab in die dunklen Kellerräume, deren Wände und Minigolfbahnen mit fluoreszierenden Farben bemalt sind, die bei Schwarzlicht in schrillem Grün, Gelb, Rot, Orange und Blau leuchten. Besonders witzig ist der Effekt, wenn man etwas Weißes trägt!

Das Auge braucht einen Moment, um sich umzustellen und umzuschauen. Jeder der vier Räume hat ein anderes Motto – Berlin, Raumschiff, Universum und Halfpipe – und ist entsprechend gestaltet. Vor lauter Staunen sollte man aber nicht vergessen, warum man eigentlich hier ist.

Die Regeln sind die gleichen wie bei »normalem« Minigolf – jeder Schlag ist ein Punkt, maximal sechs Versuche pro Bahn hat man, und derjenige mit der niedrigsten Punktzahl gewinnt. Nur einen Unterschied gibt es: Man darf die Bahnen betreten. Und wem das alles noch nicht fancy genug ist, der kann sich eine 3-D-Brille aufsetzen. Mal schauen, was passiert.

**TIPP:** Tierisch gut: Auf dem Kinderbauernhof im Görlitzer Park (www.kinderbauernhofberlin.de) kann man Esel, Ziegen, Schafe und Kaninchen streicheln und füttern.

**Adresse** Görlitzer Straße 1, im Görlitzer Park, Haus 1, 10997 Berlin-Kreuzberg, www.schwarzlichtzone.de // **ÖPNV** U1, Haltestelle Görlitzer Bahnhof // **Öffnungszeiten** Mo–Do 14–22 Uhr, Fr 14–24 Uhr, Sa 10–24 Uhr, So 10–22 Uhr // ab 6 Jahre

# 87_ DER SCHWEDTER STEG

*S-Bahn-Spotting*

Sie gehört zu Berlin wie die Currywurst und das Brandenburger Tor: die S-Bahn. Und weil sie so schön rot-gelb ist, sich durch die ganze Stadt schlängelt und dabei auch noch Töne von sich gibt, ist sie bei den ganz Kleinen besonders beliebt.

Stundenlang können sie auf einer Brücke ausharren und zusehen, wie das Objekt ihrer Beobachtung unter ihr hindurchsaust. Noch eine! Und noch eine!

Ein schöner Platz hierfür ist der Schwedter Steg, der quasi eine Verlängerung der Schwedter Straße in die Behmstraße ist. Die 209 Meter lange Brücke kann man zum einen prima mit dem Bobbycar entlangflitzen, zum anderen hat man von hier oben eine hervorragende Sicht auf die Gleise in Richtung der S-Bahn-Stationen Gesundbrunnen, Bornholmer Straße und Schönhauser Allee (und einen Blick auf den Fernsehturm gibt's noch obendrauf).

Mit der Brücke überquert man auch den ehemaligen Grenzstreifen zwischen Ost- und Westberlin. Zu DDR-Zeiten waren die Ringbahngleise zwischen den Bahnhöfen Gesundbrunnen und Schönhauser Allee stillgelegt; sie wurden erst nach der Wende wieder reaktiviert.

1999 wurde schließlich der Schwedter Steg als Fußgänger- und Fahrradbrücke eingeweiht – ein Ort, an dem man nicht nur nach unten zum Schienenverkehr, sondern auch in die Weite schauen kann. Eine ganz besondere Stimmung herrscht hier nach Einbruch der Dunkelheit, wenn die Brückengeländer zu leuchten beginnen.

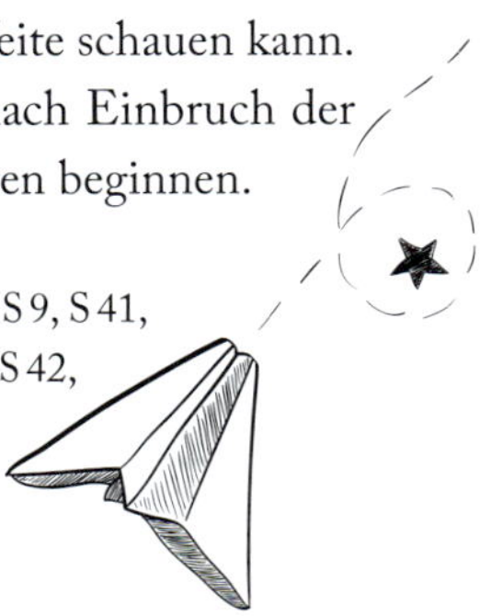

**Adresse** Schwedter Steg, 10437 Berlin // **ÖPNV** U 3, S 8, S 9, S 41, S 42, S 85, Haltestelle Schönhauser Allee, RE 3, U 8, S 41, S 42, Haltestelle Gesundbrunnen; S 1, S 2, S 8, S 9, S 25, S 85, Haltestelle Bornholmer Straße // ab 1 Jahr

**TIPP:** Rund um die Triebwagenhalle in Erkner kann man an den »Tagen der offenen Tore« historische S-Bahnen inspizieren. Genaueres unter www.hisb.de.

# 88_ DAS SCIENCE CENTER SPECTRUM

*Physik zum Anfassen*

Wissenschaftliche Bildung für alle – diese Idee hatte schon Alexander von Humboldt, als er 1827/28 seine freien Kosmos-Vorlesungen in Berlin hielt. Mit verständlichen Worten begeisterte er ein breites Publikum für die »Physik der Welt«. Dadurch inspiriert, eröffnete 1888 das Bildungszentrum Urania mit einem Experimentiersaal für Laien. An diese Tradition knüpft das Deutsche Technikmuseum mit dem Science Center Spectrum an. »Berühren verboten« gibt es hier nicht – Mitmachen und Knöpfedrücken ist ausdrücklich erwünscht!

Fragen wie »Was ist Licht?« und »Wie entsteht ein Regenbogen?« werden im ersten Stock spielerisch beantwortet. Am Lichtmischer lassen sich Rot, Grün und Blau zu neuen Farben kombinieren, und im Spiegelsaal sorgen Zerrbilder für Gelächter. Das Hexenhaus – im Englischen treffender als Mini Madhouse bezeichnet – stellt unsere Wahrnehmung auf die Probe: Überschlägt es sich wirklich?

Im zweiten Stock geht es um Elektrizität – »Wie entsteht ein Blitz?« – und Temperatur. Ein Highlight ist die Infrarotkamera, die lustige Wärmebilder von den Besuchern macht. Der Grundfrage der Mechanik – Warum bewegt sich etwas so, wie es sich bewegt? – können die Kids beim Pirouettendrehen und Schaukeln auf den Grund gehen. Wer wissen möchte, was Physik mit Musik zu tun hat, kann im dritten Stock dem Ätherophon elektronische Klänge entlocken, ohne es zu berühren, und erfährt, wie Hitchcock mit dem Trautonium künstliche Vogelstimmen für seinen Film »Die Vögel« erzeugt hat.

**Adresse** Möckernstraße 26, 10963 Berlin-Kreuzberg, www.sdtb.de // **ÖPNV** U 1, U 7, Haltestelle Möckernbrücke; U 1, U 3, Haltestelle Gleisdreieck; S 1, S 2, S 25, Haltestelle Anhalter Bahnhof // **Öffnungszeiten** Di–Fr 9–17.30 Uhr, Sa, So 10–18 Uhr / Eintritt frei für Kinder unter 6 Jahren, Jugendliche bis 18 Jahre ab 15 Uhr // ab 4 Jahre

**TIPP:** Das Eintrittsticket gilt auch für das Deutsche Technikmuseum. Also unbedingt noch rüberflitzen und sich den originalen Rosinenbomber und die Eisenbahnfahrzeuge anschauen!

# 89_DIE SEILBAHN IN DEN GÄRTEN DER WELT

*Marzahn aus der Vogelperspektive*

Wie sich das wohl anfühlt, in 25 Meter Höhe zu schweben und weit über die Plattenbauten bis zum Fernsehturm blicken zu können? Das fragt man sich noch, wenn man an der Seilbahnstation auf seine Kabine wartet – und mir nichts, dir nichts ist man schon in der Luft. Der Ausblick ist erhebend, so viel gibt es von hier oben zu entdecken: die Gärten der Welt, die nach Vorbildern in China, Japan, Korea oder dem Orient gestaltet wurden, und den bei Kindern sehr beliebten Irrgarten zum Beispiel. Und was ist das da? Ein überdimensionaler Fisch? Später, wenn man wieder festen Boden unter den Füßen hat und das Gelände inspiziert, entpuppt er sich als Kletterwald inmitten eines wunderbaren Wasserspielplatzes, der nach Motiven aus Erich Kästners Kinderbuch »Der 35. Mai oder Konrad reitet in die Südsee« für die IGA 2017 gebaut wurde – wie die Seilbahn übrigens auch.

Auf halber Strecke hält sie an der Station Wolkenhain, einer Aussichtsplattform 120 Meter über dem Meeresspiegel. Der Zwischenstopp lohnt sich zum einen wegen des Panoramablicks, zum anderen geht's hier zur Natur-Bobbahn, mit der man auch im Sommer rodeln und eine Geschwindigkeit von bis zu 40 Stundenkilometer erreichen kann. Wohoo! Wer weiterfährt, überblickt auf dem zweiten Teil der Fahrt den Kienbergpark und das Wuhletal. Das 1,5 Kilometer lange Über-der-Erde-Schweben endet schließlich an der Station Kienberg.

TIPP: Im Frühling wird in Japan das traumhaft schöne Kirschblütenfest »Hanami« gefeiert. Auch in den asiatischen »Gärten der Welt« ist es das Highlight des Jahres. Man muss aber schnell sein: Die Kirschbäume blühen nur kurze Zeit!

**Adresse** Eisenacher Straße 99, 12685 Berlin-Marzahn, www.gruen-berlin.de // **ÖPNV** U5, Haltestelle Kienberg – Gärten der Welt; Tram M6, M18, Haltestelle Brodowiner Ring; Bus 197, Haltestelle Hellersdorfer Straße / Gärten der Welt, Bus X69, Haltestelle Blumberger Damm / Gärten der Welt oder Blumberger Damm / Eisenacher Straße, Bus 195, Haltestelle Gärten der Welt // **Öffnungszeiten** täglich 9–20 Uhr // ab 2 Jahre

# 90_DIE SIEGESSÄULE

*Für kleine und große Aufsteiger*

Von den Berlinern wird die Siegessäule liebevoll Goldelse genannt. Stolz steht sie im Tiergarten, auf dem Großen Stern, mitten im Kreisverkehr. Ringsherum brausen Autos und Busse. Aber wie gelangt man denn da nun hin? Es gibt vier Eingänge, die in die beiden Tunnel führen und dann auf der Insel der Siegessäule herauskommen. In den Tunneln zur Siegessäule hat der norwegische Lichtdesigner Stig Skjelvik Lichtinstallationen angebracht. An den Wänden ist je eine Lichtdiodenwand, die die Bewegung der Passanten aufgreift und abbildet. Für Kinder eine interessante Spielerei, die den Weg durch die Tunnel zum Abenteuer werden lässt.

Das eigentliche Abenteuer wartet jedoch in der Siegessäule. Um ganz nach oben zur Aussichtsplattform zu gelangen, muss man nämlich eine immer enger werdende Wendeltreppe und tatsächlich 285 Stufen hinaufsteigen. Höhenangst darf man hier auf keinen Fall haben. Der mühsame Aufstieg wird mit einem grandiosen Blick auf die Stadt belohnt. Von der Plattform in 51 Meter Höhe schaut man in alle Richtungen Berlins und auch direkt unter den Rock der Siegesgöttin Viktoria, der über acht Meter hohen und 35 Tonnen schweren Bronzeskulptur, die oben auf der Säule steht.

Die Siegessäule wurde in Erinnerung an die sogenannten Einheitskriege, den Deutsch-Dänischen Krieg 1864, den Deutschen Krieg 1866 gegen Österreich sowie den Deutsch-Französischen Krieg 1870/1871, errichtet und im Nationalsozialismus noch einmal erhöht und versetzt.

Adresse Straße des 17. Juni / Großer Stern, 10557 Berlin-Tiergarten // ÖPNV Bus 100, Haltestelle Siegessäule // Öffnungszeiten April – Okt. täglich 9 – 18.30 Uhr, Nov. – März täglich 9.30 – 17.30 Uhr, 24.12. geschlossen // ab 4 Jahre oder ganz klein in der Babytrage

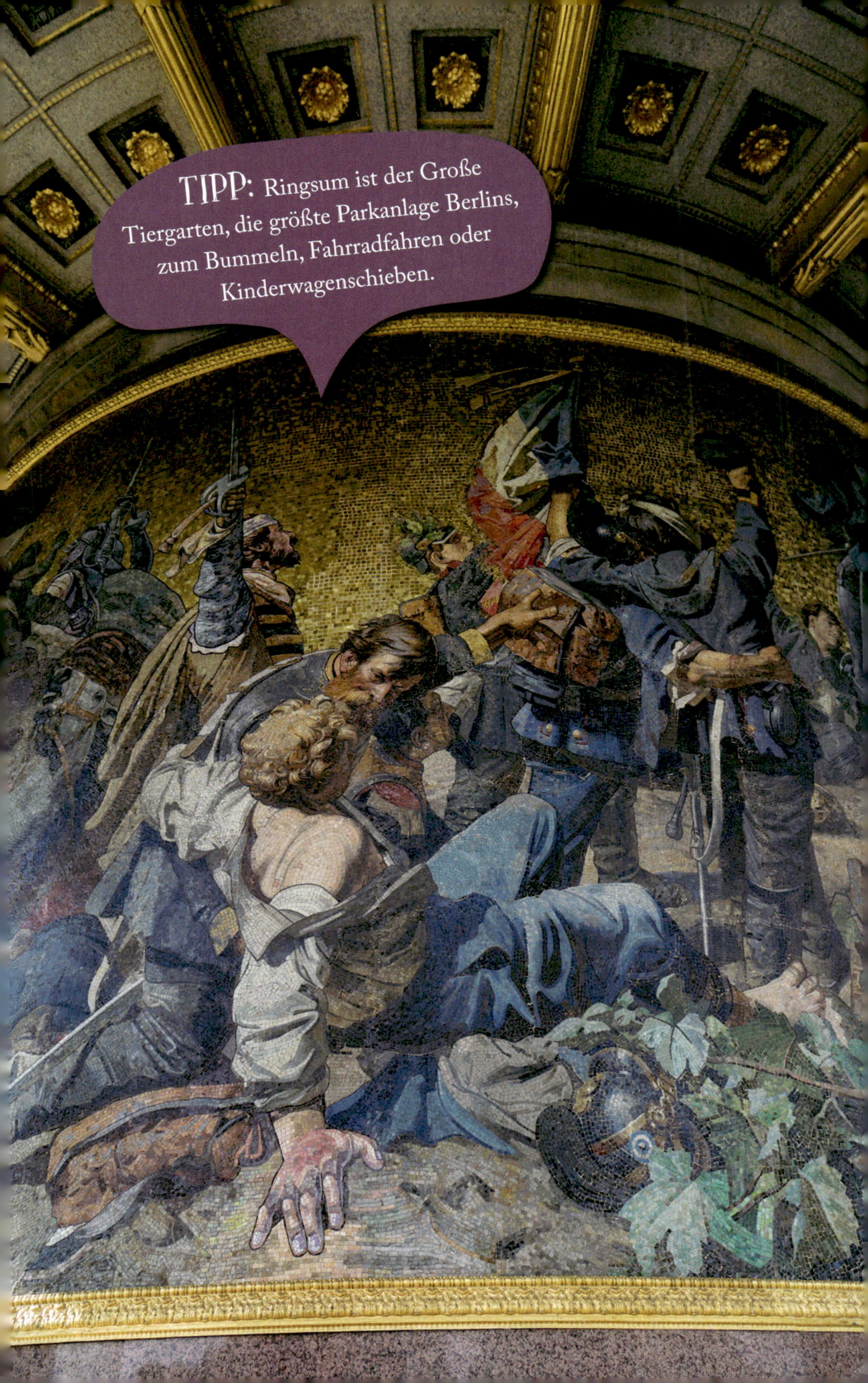

TIPP: Ringsum ist der Große Tiergarten, die größte Parkanlage Berlins, zum Bummeln, Fahrradfahren oder Kinderwagenschieben.

# 91_DAS SKATE PLAZA IM MÄRKISCHEN VIERTEL

*Ollie Flip auf feinstem Beton*

Eigentlich kommt man selten auf die Idee, nach Reinickendorf zu fahren, um mit Kindern etwas zu erleben. Bei Reinickendorf denkt man zuallererst an Wohnblocks und Hochhäuser und Sido. Also eher nicht an Kinderfreizeitbeschäftigungen. Aber ein kleiner Abstecher lohnt sich sehr. In Reinickendorf gibt es den so ziemlich besten Skatepark Berlins, das Skate Plaza.

Um im Skate Plaza im Märkischen Viertel mit den Pros mitfahren zu können, muss man weder ein Local noch ein Skateboard-Nerd sein. Jeder ist hier willkommen. Es herrscht eine absolut hilfsbereite Atmosphäre. Zweijährige Laufradfahrer mischen sich mit 20-jährigen oldschool Skatern und halbgroßen Stunt-Roller-Fahrern.

Das Skate Plaza ist ein perfekter Skate-Ort, was wohl hauptsächlich daran liegt, dass es von den Skatern aus dem Märkischen Viertel selber konzipiert wurde. Man merkt, hier waren Profis am Werk. Jede Rampe, jede Pipe ist durchdacht. Durch die Zusammenarbeit der Kids mit den Architekten wurde das Skate Plaza auch sofort im Viertel angenommen und ist total beliebt und ständig belebt.

Der Skatepark besteht aus zwei Areas. Die eine Area ist eine Street-Area mit Rampen, Banks und Copings (Geländern) und eher flach und weiträumig. Die andere Area ist ein Pool-Bereich mit tollen Transitions. Zwischen beiden Bereichen ist eine Brücke, auf der man sich ausruhen oder die anderen Skater beobachten kann.

TIPP: Hinterher unbedingt im dahinterliegenden Einkaufszentrum »Märkische Zeile« bei Fatih Servet Döner essen gehen. Der ist unglaublich lecker.

**Adresse** Senftenberger Ring, 13439 Berlin-Reinickendorf // **ÖPNV** Bus 122, Haltestelle Märkische Zeile; Bus 124, Haltestelle Märkisches Zentrum // ab 2 Jahre

# 92_DAS SOWJETISCHE EHRENMAL SCHÖNHOLZ

*Etwas zum Staunen und Innehalten*

Steigt man in Niederschönhausen an der Haltestelle Schönholz aus dem 155er-Bus und biegt in die Einfahrt zum Sowjetischen Ehrenmal Schönholz ein, wird es ruhig. Die kurze Allee mit riesigen Bäumen mitten in der Schönholzer Heide lädt zum Verweilen ein. Und man sieht schon das Tor des mächtigen Ehrenmals.

Die Größe des Platzes, der Obelisk, die riesige Statue am gegenüberliegenden Ende und die Reliefs am Eingang sind so atemberaubend, dass selbst kleine Kinder einfach nur stehen und staunen. Das Gelände dient nicht nur als Ehrenmal, sondern ist tatsächlich auch ein Soldatenfriedhof, auf dem nach dem Zweiten Weltkrieg über 13.000 russische Soldaten beigesetzt wurden. Rund um das 27.500 Quadratmeter große Areal befindet sich eine Mauer mit 100 Bronzetafeln, auf denen die Namen der Soldaten stehen.

Es lohnt sich, auf den Bänken zu verweilen, um das Hauptdenkmal vor dem Obelisken, die Statue »Mutter Heimat«, anzuschauen. Sie stellt eine trauernde Mutter mit ihrem gefallenen Sohn dar.

Im Grunde ist es ein Ort, an dem man Kindern gut und einfach deutsche Geschichte vermitteln kann, indem sie diese selber entdecken. Durch die vielen Wege und Treppen rund um den Platz und am Obelisken kann man ständig in Bewegung bleiben, die Gruften und Räume ergründen und somit auf Entdeckungstour gehen. Man wird kurzzeitig zurückgeworfen in eine lange vergangene Zeit, die viele Opfer hinterlassen hat, derer man gedenken kann. Auch das will gelernt sein.

**TIPP:** Gegenüber dem Ehrenmal in der Schönholzer Heide ist ein kleiner Holzspielplatz mit vielen Klettermöglichkeiten.

**Adresse** in der Schönholzer Heide, Germanenstraße, 13156 Berlin-Schönholz // **ÖPNV** Bus 155, Haltestelle Ehrenmal Schönholz // **Öffnungszeiten** Mo – So 7 – 19 Uhr // ab 1 Jahr

# 93_DAS SPIELMOBIL

*Handgemachte Action in Friedrichshain-Kreuzberg*

Es ist Dienstag, früher Nachmittag. Auf dem Traveplatz fährt ein Transporter vor, »Spielwagen«, steht in lustigen bunten Buchstaben darauf. Aus ihm bugsieren Volker Hedemann und sein Team allerhand selbst gebaute Sachen: kuriose Geschicklichkeitsfahrzeuge wie Pedalos, Rikschas, Spaßräder oder eine Sausmaus. Im »Erfahrungs- und Bewegungsfeld« finden schiefe Scheiben, Rola Bolas, Planetenbälle und eine Tarzanschaukel ihren Platz. Und das ist noch nicht alles: Jede Woche leiten pädagogische Mitarbeiter eine neue Gruppenspiel-Aktion wie »Theater mit Herbstfrüchten«, »Wer wird Müllionär?« oder »Allerbeste Eisenbahn« an.

Die Kids aus der Umgebung kommen zuhauf – oft sind es um die 80 –, sie lieben ihr Spielmobil. Viele sind mit ihm groß geworden und steuern dienstags nach der Schule automatisch den Traveplatz an. »Die Spielaktionen richten sich vor allem an Grundschulkinder. Wir bauen auch bekletterbare Objekte und Parcoure auf, um sie motorisch herauszufordern«, erklärt Astrid Dulich vom Verein »Spielwagen 1035«. Entstanden ist dieser aus einer Elterninitiative, die 1989 mit selbst gebautem Handwagen und Kinderspielen durch Friedrichshain zog. Die alte Ostberliner Postleitzahl im Namen ist eine Reminiszenz an den damaligen Aktionsradius zwischen Ostkreuz und Landsberger Allee.

Der Spielwagen dreht seine Runden und parkt von März bis Oktober unter anderem montags im Görlitzer Park, mittwochs am Petersburger Platz, donnerstags an der Weberwiese und freitags am Boxhagener Platz.

TIPP: Ein riesiges grünes Holz-Klettergerüst mit roten Zähnen, langem Schwanz und drei Rutschbahnen ist die Attraktion des Drachenspielplatzes in der Schreinerstraße.

**Adresse** Traveplatz, 10247 Berlin-Friedrichshain, www.spielwagen-berlin.de // **ÖPNV** U5, S8, S9, S41, S42, S85, Haltestelle Frankfurter Allee; Tram M13, M16, Haltestelle Scharnweberstraße, Tram 21, Bus 240, Haltestelle Boxhagener Straße/Holteistraße // **Öffnungszeiten** in der Schulzeit 15. März–Ende Okt. 13.30–18.30 Uhr, in den Schulferien 10–18.30 Uhr, Eintritt frei // ab 2 Jahre

# 94_DER SPIELPLATZ AM WINTERFELDTPLATZ

*Alles aus Gummi*

Direkt am Winterfeldtplatz, gegenüber der Kirche, ist der Winterfeldtspielplatz. Er ist eine Mischung aus kleinem Park, Wasserspielplatz, Sandkasten und Kletterareal.

Der Park hat in der Mitte einen terrassenförmig angelegten kleinen Berg mit Rutsche und Pumpe. Das ist der Wasserspielplatz, der auch schon für die Allerkleinsten geeignet ist. Schildkröten, Menschen und andere Figuren aus bunten Mosaiksteinen sind liebevoll um den Wasserspielplatz gruppiert. Im Sandkasten kann ordentlich gematscht werden. Für kleine Ruhepausen stehen ringsherum Bänke im Schatten. Besonders schön ist die riesige Trauerweide, die direkt auf dem Platz steht und mit ihren wedelnden Ästen auch gut einmal ein Baby im Kinderwagen zum Einschlafen bringt.

Im hinteren Teil des Platzes ist ein Mega-Kletterareal für die größeren Kinder. Auf mehreren Ebenen und Etagen sind Gummimatten in vielen Größen angebracht. Über Kletterseile können die unterschiedlichen Matten erreicht werden. Dabei sind diese entweder Schaukel, Rutsche, Hüpfbahn oder auch Versteck. Das Ganze gleicht einem riesigen Spinnennetz oder Vogelnest, und die Kinder können sich hier gut über mehrere Stunden beschäftigen. Zum Abstieg nutzt man dann eine fast drei Meter breite Gummirutsche, und weiter geht es mit der Doppelschaukel im rückwärtigen Teil des Klettergerüsts.

Hat man genug vom Matschen, Buddeln, Schaukeln und Klettern, bietet sich die gepflegte Wiese im vorderen Teil des Spielplatzes hervorragend als Picknickwiese an.

Adresse Winterfeldtplatz, Gleditschstraße, 10781 Berlin-Schöneberg // ÖPNV U 7, Haltestelle Nollendorfplatz; Bus 204, Haltestelle Winterfeldtplatz // Öffnungszeiten immer geöffnet // ab 1 Jahr

TIPP: Das FELD Theater ganz in der Nähe ist ein Raum für Begegnungen mit darstellenden Künsten für junges Publikum. https://jungesfeld.de

# 95_DER SPIELPLATZ IM KRAUSNICKPARK

*Eins, zwei, drei, vier Eckstein, alles muss versteckt sein*

Der Eingang zum Park mit dem Spielplatz ist absolut unscheinbar und leicht zu übersehen, wenn man nicht weiß, an welcher Stelle er sich genau befindet. Das Tor der Oranienburger Straße 19 öffnet sich schwer und fällt laut krachend ins Schloss, und dann steht man in einer Toreinfahrt. Ein paar Schritte weiter traut man seinen Augen nicht. Der Straßenlärm ist weg, man steht in einem riesigen Hinterhofgarten. Ach was, in einem wunderbaren Hinterhofspielplatz.

Ein Hinterhofpark war der Krausnickpark schon seit Ende des 18. Jahrhunderts, mit wechselnden Besitzern. Zwischendurch wurden hier sogar einmal Gebrauchtwagen verkauft. Seit 2007 ist er ein öffentlich zugänglicher Platz – wenn auch sehr versteckt – und ein wahres Kinderparadies.

Im vorderen Teil ist eine Indianerlandschaft mit Zelten aus Holz und lustig geschnitzten Holzfiguren. Hier kann man klettern und rutschen und balancieren und buddeln. Unter Kastanien, Linden und Trauerweiden schlängeln sich verzweigte Wege über kleine Hügel durch den gesamten Hof. In der Mitte ist eine große Rasenfläche zum Ballspielen.

Am Rande stehen Bänke, und überall sind versteckte kleine Überraschungen, hier ein Seil, das vom höchsten Baum hängt und zum Schaukeln einlädt, dort eine mit wildem Wein überwachsene Sitzecke zum Picknicken oder ein paar Hängematten zum Träumen. Ganz hinten ist eine Meerlandschaft als Sandkasten mit Piratenschiff aus Holz zum Klettern, ringsherum sind Hecken und Büsche zum Fangen- und Versteckenspielen.

**Adresse** Krausnickpark, Oranienburger Straße 19, 10178 Berlin-Mitte // **ÖPNV** M 1, M 5, M 10, Haltestelle Monbijouplatz // **Öffnungszeiten** im Sommer 9–21 Uhr, im Winter 10–18 Uhr // im Kinderwagen oder sobald die Kinder krabbeln oder laufen können

**TIPP:** Genau gegenüber, durch den Monbijoupark hindurch, steht man plötzlich an der Spree und kann die Dampfer beobachten. Hier ist auch das kleine Kinderbad Monbijou.

# 96_DER SPREETUNNEL

*Einfach mal abtauchen*

Wahnsinn. Wenn man sich gerade auf dem Grunde der Spree bewegt, kann man das doch so nennen, oder? Die Kinder finden es auch aufregend und rennen wie von der Leine gelassen bis zum anderen Ende. Im Sommer ist es angenehm kühl hier unten in dem grün gekachelten Bauwerk der Neuen Sachlichkeit. Bei der Renovierung 2015/16 wurde zwar eine solide Fahrradrampe eingebaut, mit Kinderwagen wird das kleine Abenteuer aber zum Kraftakt, da man diesen 50 steile Stufen runter- und auf der anderen Seite wieder hochschleppen muss.

Auch Anfang des 19. Jahrhunderts gelangte man nicht so ohne Weiteres auf die andere Uferseite. Tausende Berliner strömten damals an den Wochenenden in den Kurort Friedrichshagen und weiter mit der Fähre über die 120 Meter breite Spree zum Gasthaus Müggelschlösschen. Da die Schifffahrtsbehörde den Bau einer Fußgängerbrücke ablehnte, wurde der Bau eines Stahlbetontunnels mit der Senkkasten-Methode beschlossen – ein technisches Novum, das die Fachwelt begeisterte. Zwei separate Tunnelhälften wurden zu Lande gebaut und erst auf dem Spreegrund miteinander verbunden. »Erbaut und versenkt 1926«, steht bis heute über dem nördlichen Eingang.

Taucht man auf der anderen Seite wieder auf und folgt den Trampelpfaden rechts, erreicht man über den Uferweg das Ausflugslokal Rübezahl mit seinem großen Kinderspielplatz. Noch ein Stück weiter stößt man auf den schön gelegenen Biergarten am Wendenturm, wo man an der Anlegestelle »Hotel Müggelsee« auch ins Wasser hüpfen kann.

**TIPP:** Mit seiner breiten Flachwasserzone eignet sich das Strandbad Müggelsee besonders für einen Sommerausflug mit Kleinkindern. Badespaß bei freiem Eintritt!

**Adresse** am Müggelpark, Josef-Nawrocki-Straße, 12587 Berlin-Köpenick // **ÖPNV** Tram 60, 61, Haltestelle Müggelseedamm/Bölschestraße // **Öffnungszeiten** immer geöffnet, Eintritt frei // ab 2 Jahre

# 97_DER STADTGARTEN HEIZKRAFTWERK MITTE

*Jeder kann pflanzen – und jeder kann auch ernten!*

Wer Spaß am Gärtnern, aber keinen eigenen Garten hat, der ist im Stadtgarten Heizkraftwerk Mitte genau richtig. Hier kann man einfach vorbeischauen und da mit anpacken, wo gerade Hilfe benötigt wird. Auf einem 1.500 Quadratmeter großen Gelände direkt vor dem Heizkraftwerk Mitte unter alten Bäumen kann gebuddelt, gesät, gepflanzt und natürlich auch geerntet werden.

2017 wurde der Garten angelegt und eröffnet, und nun kann er so langsam wachsen. Mitmachen kann jeder, der Zeit hat. Geld muss man nicht mitbringen. Das Gärtnern ist gratis und das Ernten auch. Wobei das natürlich am schönsten ist, wenn man vorher auch mitgegärtnert hat.

Und im Stadtgarten gibt es mittlerweile so einiges zu ernten: Hier wachsen etliche Sorten heimisches Gemüse, Kohlrabi, Gurken, Zucchini, Bohnen, Tomaten, Mangold, Möhren, Blumenkohl und Kürbis. Dazwischen sieht man Kräuter über Kräuter, teilweise schon richtig große Büsche, Rosmarin, Lavendel, Thymian, Petersilie, Fenchel. Obst darf natürlich auch nicht fehlen. Hier wachsen Johannisbeersträucher und diverse Obstbäume. Interessant sind die Erdbeertürme aus Abwasserrohren, die man gut für den Balkon zu Hause nachbauen kann. Ringsherum stehen meterhohe Sonnenblumen und überhaupt jede Menge Blumen, die den Ort schön bunt machen. Für Kinder gibt es immer wieder besondere Workshops und Anleitungen, um ihnen zu zeigen, wie Obst und Gemüse selber angebaut und gepflegt werden kann. Überhaupt sind ständig Gärtner vor Ort, die alle Fragen beantworten und helfen, wenn Hilfe benötigt wird.

TIPP: Auf der anderen Seite der Spree ist der Holzmarkt, ein imposantes Genossenschaftsprojekt mit Wohnhäusern, Werkstätten, Cafés und Restaurants.

**Adresse** Köpenicker Straße 60, 10179 Berlin-Mitte, https://pflanz-was.vattenfall.de // **ÖPNV** U 8, Haltestelle Heinrich-Heine-Straße // **Öffnungszeiten** April–Okt. Di–So 12–18 Uhr, Juni, Juli, Aug. bis 20 Uhr // ab 3 Jahre

# 98_DAS STRANDBAD WEISSENSEE

*Abkühlen mit Aussicht*

Sommer in Berlin. Wer lieber in einen See als ins Schwimmbad hüpft, muss nicht raus nach Brandenburg fahren; im Nordosten der Hauptstadt lockt der kleine Weiße See mit seinem charmanten oldschool Strandbad samt Palmen, Sand und malerischem Blick über den See. Besonders in den frühen Abendstunden, wenn das Licht sanfter wird, kann man sich an dem Bild, das die Wasserfontäne und das Café Milchhäuschen bieten, gar nicht sattsehen.

Apropos satt: Neben der obligatorischen Eiscreme gibt es am Strandbad auch Flammkuchen, Gegrilltes und Saisonales. Der Service braucht zwar manchmal etwas länger, aber wer hat es schon eilig an diesem sonnigen Ort, wo man auf Liegestühlen rumlümmeln, im Wasser planschen – es gibt einen abgetrennten Nichtschwimmerbereich und einen Bademeister –, im Sand buddeln oder zuschauen kann, wie sich die Kleinen am Klettergerüst entlanghangeln?

Im umliegenden Park am Weißensee gibt es neben einem Kinderspielplatz auch eine Plansche mit zwei wasserspeienden Seelöwen-Figuren. Sie stammen aus der Zeit, in der die Gemeinde die herrschaftliche Grünanlage rund um das »Schloss Weißensee« genannte Gut – es ist 1919 abgebrannt – zum Bürgerpark umgestaltete. Im Zuge dessen eröffnete 1912 auch die »Gemeindebadeanstalt«, ein Vorläufer des heutigen Strandbads.

Nicht nur im Sommer lohnt sich ein Besuch. Im Herbst werden Stockbrot und Marshmallows gegrillt, und im Winter gibt es Kinder-Glühwein vor einer märchenhaften Kulisse mit zugefrorenem See.

TIPP: Wenn das Lingulino Kindertheater im Kunst- und Kulturladen »Sepp Maiers 2raumwohnung« in der Langhansstraße Station macht, ist das junge Publikum vorne mit dabei. Platzreservierungen unter Tel. 030/34353256.

**Adresse** Berliner Allee 155, 13088 Berlin-Weißensee, www.binbaden.com // **ÖPNV** Tram M 13, M 4, Bus 255, Haltestelle Weißer See; Tram 12, Tram 27, Bus 156, Haltestelle Falkenberger Straße/Berliner Allee // **Öffnungszeiten** in der Sommersaison täglich 9–24 Uhr, Sept.–Mai Mo–Fr 14–20 Uhr, Sa, So 9–20 Uhr // ab 0 Jahre

# 99_DER SÜSSKRAM-DEALER

*Schokoladig, süß und einfach zauberhaft*

Steigt man in Friedenau am Bundesplatz aus der U-oder S-Bahn, steht man nach nur ein paar hundert Metern vor dem kleinen Ladengeschäft und fühlt sich, als wäre die Zeit stehen geblieben. Diese ist in dem ehemaligen Zigarrenladen mit seiner originalen Einrichtung von 1906 zwar nicht stehen geblieben, läuft aber auf der großen Uhr, die noch aus dem Originalbestand übrig geblieben ist, rückwärts. Sehr zur Verwirrung der erwachsenen Kunden. Kinder aber lieben dieses geheimnisvolle, an Harry Potter erinnernde Relikt aus der Jahrhundertwende.

Mit viel Liebe sucht der Inhaber Martin Hesse, der Süßkramdealer, seit 2005 die Schokoladen von seinen mittlerweile 120 Lieferanten für seinen Laden aus. Er reist durch die Welt, um die besten und feinsten Sorten zu finden, und lässt auch manchmal eigene Kreationen von seinen liebsten Schokoladenherstellern produzieren. Der kleine Laden ist voll mit exquisiten Schokoladen, erlesenen Weinen und anderen Köstlichkeiten.

Wenn das Bedienen mal länger dauert, weil man sich bei der riesigen Auswahl nicht entscheiden kann, und die Kinder ungeduldig werden, holt der Inhaber ganz galant seine geheime Süßigkeitenkiste hinterm Tresen hervor und lässt die Kleinen schon vorher naschen.

Die Lieblingsschokolade von Martin Hesse ist im Übrigen eine handgemachte Schokolade mit einer Kürbiskernfüllung von Pichler aus Tirol.

TIPP: Nur ein paar Minuten Fußweg entfernt liegt der Bundesplatz. Hier spielt die legendäre Langzeitdoku »Berlin – Ecke Bundesplatz«. Es lohnt sich, sie anzuschauen.

Adresse Varziner Straße 4, 12159 Berlin-Friedenau, www.suesskramdealer.de // ÖPNV U9, S41, S42, S46, Bus 248, Haltestelle Bundesplatz // Öffnungszeiten Mo – Fr 8 – 19 Uhr, Sa, So 10 – 18 Uhr // ab 0 Jahre

# 100_DAS TEMPELHOFER FELD

*Ganz viel Platz zum Drachensteigen*

Schnappt eure Drachen, ob selbst gebastelt oder gekauft, und ab zum Tempelhofer Fel, einem der größten innerstädtischen Freiflächen, die es weltweit gibt. Nach der Schließung des ehemaligen Flughafens Tempelhof wurde die riesige Freifläche durch einen Volksentscheid zum Bürgerpark. Dieser Park steht seit 2010 allen Bürgern und natürlich auch allen Besuchern der Stadt zur Verfügung.

Läuft man in die Mitte des Feldes, hat man das Gefühl, weit, weit draußen zu sein. Ringsum ist es grün, im Sommer summt und brummt es, und man spürt eine unglaubliche Weite. Über 300 Hektar groß ist die Fläche, wo ehemals Flugzeuge starteten und landeten. Der perfekte Ort also, um seinen Drachen steigen zu lassen. Man hat unglaublich viel Platz, um zu rennen und die Drachen nach oben zu bewegen, sogar für sehr große Exemplare ist genug Raum. Das jährlich stattfindende Festival der Riesendrachen ist ein Festival der Superlative. Wale, Superhelden, riesige Räder, Schlangen oder synchron tanzende Flugdrachen – hier geht es um größer, schneller, weiter. Das ganze Tempelhofer Feld gleicht dann einem Wimmelbecken aus tanzenden Drachen.

Wer genug davon hat, kann auf dem riesigen Gelände natürlich auch noch jede Menge andere Dinge machen. Fahrrad fahren zum Beispiel oder inlineskaten oder Roller fahren. Die beiden ehemaligen Start- und Landebahnen sind dafür perfekt. Auch für ein Picknick, eine Partie Federball oder eine Runde Fußball sind die Flächen bestens geeignet.

**TIPP:** Das Sommerbad Neukölln befindet sich in unmittelbarer Nähe des Parks.

**Adresse** Tempelhofer Damm, 12101 Berlin-Tempelhof, www.gruen-berlin.de/tempelhofer-feld // **ÖPNV** S 41, S 42, S 46, S 47, Haltestelle Tempelhof; U 6, Haltestelle Tempelhof oder Paradestraße; U 8, Haltestelle Leinestraße oder Boddinstraße; Bus 104, Haltestelle Friedhöfe Columbiadamm oder Golßener Straße // **Öffnungszeiten** täglich geöffnet; die genauen Öffnungszeiten siehe Webseite // ab 0 Jahre

# 101_DIE THAI-WIESE IM PREUSSENPARK

*Asian Fusion Picknick*

»Heute essen wir in Klein-Bangkok.« »Aber dann müssen wir ja zum Flughafen fahren!« Nein, nur zum Preußenpark, zum wohl ältesten Street Food Market Berlins. Auf der »Thai-Wiese« trifft sich bei schönem Wetter seit über 20 Jahren die Berliner Thai-Community und bereitet in provisorischen Mini-Küchen traditionelle Gerichte aus der Heimat zu, die die Besucher zum kleinen Preis erstehen und auf die Hand bekommen.

Unter bunten Schirmen werden auf Gaskochern Pad Thai, Saté-Spieße, Fischbällchen und allerlei Curry-Varianten gebrutzelt oder in topfgroßen Mörsern exotische Gewürze für den Papaya-Salat Som Tam zerstoßen.

Bei den Kids besonders beliebt sind die chinesischen Dumplings in Grün, Rot oder Gelb, woran man schon erkennen kann: Das kulinarische Angebot hat sich auf andere ostasiatische Länder ausgeweitet, es gibt auch vietnamesisches und koreanisches Street Food. Haben sich endlich alle für ein Gericht entschieden, lässt man sich entweder hinter den Ständen an kleinen Tischen nieder oder rollt die mitgebrachte Decke auf der großen Wiese aus. Man könnte tatsächlich meinen, in einem Park in Bangkok zu sitzen!

Nach dem Essen sollte man unbedingt Plastikschalen und -bestecke in die dafür vorgesehenen Müllsäcke entsorgen. Die Stadt duldet das internationale Picknick nämlich nur, wenn die Wiese am Abend picobello zurückgelassen wird. Und dann geht's auch gleich noch weiter auf den Spielplatz direkt nebenan.

Adresse Brandenburgische Straße, 10707 Berlin-Wilmersdorf, www.thaipark.de // ÖPNV U 7, Bus 101, Haltestelle Konstanzer Straße; U3, Fehrbelliner Platz // Öffnungszeiten Frühjahr bis Herbst Sa, So ab 12 Uhr, Eintritt frei // ab 3 Jahre

TIPP: Sonntags ist auf dem Fehrbelliner Platz ein kleiner Flohmarkt, auf dem es immer etwas zu entdecken gibt.

# 102_DER TIERPARK

*Von A wie Affe bis Z wie Zebra*

Berlin, 1954. Da der Zoologische Garten nach der Teilung Deutschlands im Westen der Stadt lag, sollte in Ostberlin ein Pendant geschaffen werden; im verwilderten Schlosspark Friedrichsfelde gründete der Zoologe Heinrich Dathe den Tierpark Berlin. Durch die Radio- und TV-Sendungen »Im Tierpark belauscht« und »Tierpark-Teletreff« erreichte »Dr. Dr. Dathe« Kultstatus in der DDR. Sein Lebenswerk ist heute mit mehr als 9.000 exotischen Tieren auf 160 Hektar einer der größten Landschaftstiergärten Europas.

Ob Giraffe, Sumatra-Tiger, Eisbär oder Flamingo – alle paar Meter kann man lebende Exemplare des eigenen Lieblingsstofftiers entdecken. Besonderen Spaß macht es, Fütterungen live mitzuerleben, etwa die der karibischen Seekühe. Trotz ihrer Leibesfülle bewegen sie sich im Wasser fast so anmutig wie Meerjungfrauen, weshalb sie auch »Sirenen« genannt werden. Ihre nahen Verwandten, die asiatischen Elefanten, vertilgen ganz schön viel, jeder bis zu 150 Kilogramm Blätter und Zweige am Tag! Die Gibbon-Eltern Frieda und Bruno und ihre Kids hingegen bevorzugen Äpfel und Fenchel, schwingen sich zwischendurch mit ihren langen Armen von Ast zu Ast und begutachten neugierig ihre Zuschauer.

Für die ganz Kleinen gibt es einen Streichelzoo direkt neben dem großen Wasserspielplatz. Nach so viel Bewegung entpuppt sich die Hop-on-Hop-off-Elektrobahn, die gemütlich durchs Gelände tuckert, als wahrer Segen. Wer ohne Kinderwagen unterwegs ist, kann sich auch einen Bollerwagen an einem der beiden Eingänge mieten.

TIPP: Kinder- und Jugendtheater in Lichtenberg: Das »Theater an der Parkaue« wartet mit einer tollen Mischung aus modernen und klassischen Stücken auf. Wer selbst spielen will, kann sich im »Kinderclub« anmelden.

Adresse Am Tierpark 125, 10319 Berlin-Lichtenberg // ÖPNV U 5, Tram M 17, 27, 37, Bus 296, 396, Haltestelle Tierpark // Öffnungszeiten siehe www.tierpark-berlin.de // ab 0 Jahre

# 103_ DIE TISCHTENNIS-PLATTEN

*Ein Match in jeder Ecke der Stadt*

Betrachtet man die Anzahl der Tischtennisplatten in Berlin, möchte man meinen, das flinke Spiel mit dem kleinen Ball sei die absolute Lieblingsfreizeitbeschäftigung der Berliner. Es gibt in der gesamten Stadt nämlich rund 100 Outdoor-Tischtennisplatten, die für jeden zu jeder Zeit frei zugänglich sind.

Tischtennis wurde Ende des 19. Jahrhunderts erstmalig in England gespielt und ist mittlerweile sogar der Volkssport Nummer eins in China. Nach Deutschland kam Tischtennis Anfang des 20. Jahrhunderts und hat sich zu einem ziemlichen Massenfreizeitsport entwickelt.

Auch wenn die Granitplatten älteren Kindern eher als Treffpunkt zum Abhängen und Quatschen dienen, bleiben sie doch für alle Altersgruppen ein Ort zum Spielen, zum Sichauspowern und Spaßhaben. Für die freien Platten in Berlin sollte man natürlich immer Schläger und Bälle dabeihaben. Dann kann man einfach drauflosspielen. Eine besonders coole Stelle, um draußen zu spielen, ist in Kreuzberg, in der kleinen Ecke zwischen der Wrangelstraße und der Cuvrystraße. Hier stehen gleich zwei Tischtennisplatten nebeneinander, und mit etwas Glück sind sie auch frei.

Gleich daneben ist ein Bolzplatz und dahinter ein Sandspielplatz mit Schaukeln und Klettermöglichkeiten. Davor, in der Cuvrystraße, ist ein kleiner, aber sehr guter Wasserspielplatz, und genau gegenüber vom Wasserspielplatz gibt es auch noch einen kleinen Eckspielplatz für die ganz Kleinen. Man kann hier also gut ein paar sportliche Stunden verbringen.

**TIPP:** Sollte das Wetter einmal zu schlecht sein, kann man ziemlich gut im SEZ in der Landsberger Allee in Berlin-Prenzlauer Berg in der Halle Tischtennis spielen.

Adresse Ecke Wrangelstraße / Cuvrystraße, 10997 Berlin-Kreuzberg, www.pingpongmap.net, www.spielplatznet.de/k/tischtennis/berlin // ÖPNV U 8, Haltestelle Heinrich-Heine-Straße; Bus 165, 265, Haltestelle Falckensteinstraße; S 8, S 9, S 41, S 42, Haltestelle Treptower Park // Anfahrt // Öffnungszeiten ständig zugänglich // ab ungefähr 6 Jahre

# 104_ DIE TRABRENNBAHN MARIENDORF

*Wer ist der Schnellste im ganzen Land?*

»Komm, komm, schneller, du schaffst das!«, feuern die Kids ihre Favoriten an, die in Pferdeseile an ihnen vorbeitraben. Ist das aufregend! Ganz nah dran am Geschehen und von der Bahn nur durch eine Hecke getrennt stehen sie auf dem extra für sie errichteten Kinder-Ausblick. »Ich bin für Lucky Star«, sagen die einen, während die anderen überzeugt von Antarctica sind. Selbstverständlich hat man sich vorher mit Mama oder Papa beratschlagt, und vielleicht haben sie sogar einen Euro (oder mehr) auf den Favoriten gesetzt! Da kann man natürlich kein x-beliebiges Pferd nehmen, sondern muss vor dem Rennen, bei der sogenannten Parade, die teilnehmenden Schönheiten ganz genau unter die Lupe nehmen.

Die Trabrennbahn Mariendorf wurde 1913 in Betrieb genommen und erfreute sich vor allem in bürgerlichen Kreisen außerordentlicher Beliebtheit (Adlige bevorzugten die Galopprennen Hoppegarten). Fast alle im Jugendstil erbauten Gebäude wurden im Zweiten Weltkrieg zerstört; nur die nach ihrem Architekten benannte Endell'sche Tribüne zeugt noch heute von der alten Pracht. Jedes Jahr finden hier mehr als 650 Rennen statt, darunter das Deutsche Traber-Derby – der Klassiker des Trabrennsports – und die Breeders Crown. Damit dann auch die kleineren Kids auf ihre Kosten kommen, gibt's direkt neben dem Eingang den Firlefanz Kindergarten mit Ponyreiten und Kinderprogramm. Bei den »normalen« Rennterminen (sonntags ab 13.30 Uhr) geht es meist etwas ruhiger und überschaubarer zu.

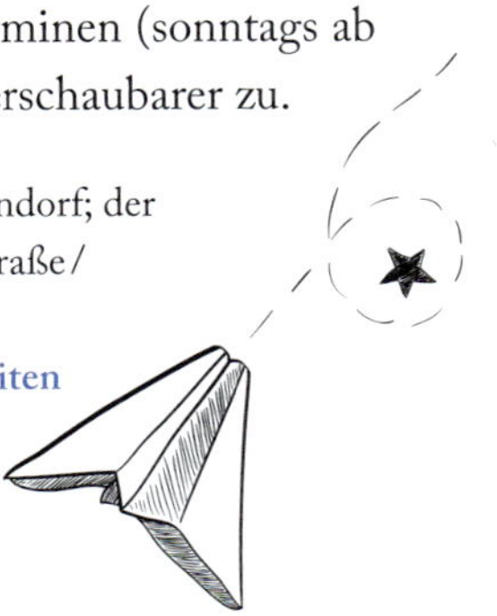

Adresse Mariendorfer Damm 222, 12107 Berlin-Mariendorf; der Haupteingang befindet sich an der Ecke Kruckenbergstraße / Hirzer Weg // ÖPNV U 6, Haltestelle Alt-Mariendorf; Bus M76, 179, Haltestelle Trabrennbahn // Öffnungszeiten siehe www.berlintrab.de, freier Eintritt für Kinder // ab 4 Jahre

**TIPP:** Auch der Pferdesportpark Berlin-Karlshorst verfügt über eine traditionsreiche Trabrennbahn. Die Rennsporttermine 2018 findet man unter www.pferdesportpark-berlin-karlshorst.de.

# 105_ DAS VARIA VINETA

*Die zauberhafteste Märchenstunde Berlins*

Im kleinen Pankower Märchentheater wird man vom Zwerg Vini, der fröhlich am Eingang sitzt, begrüßt. Zwerg Vini ist natürlich immer einer der Schauspieler, die am jeweiligen Tag im Theaterstück mitspielen, oder auch manchmal Anne Gröschel selbst, die Gründerin und das Herz von Varia Vineta.

Ins Varia Vineta kommen Eltern oder auch die Großeltern mit ihren Kindern, um sich hineinzuträumen in die Welt der alten Märchen. Von Rotkäppchen über Schneewittchen und König Drosselbart bis hin zu Aschenputtel und Hänsel und Gretel werden so gut wie alle bekannten deutschen Märchen gespielt. Und wenn keine Märchen gespielt werden, dann sind es von Anne Gröschel und Petra Gröschel erfundene Geschichten. Aufgeführt werden die Stücke von drei oder höchstens vier Schauspielern, denn Theater und Bühne sind ziemlich klein. Im Theater ist alles mit Liebe und viel spürbarer Leidenschaft handgemacht. Die Kostüme werden selbst genäht, das Bühnenbild wird von einer Grafikdesignerin gemalt, und die Musik kommt nicht etwa aus der Konserve, nein, sie wird für jedes Stück von Christian Gröschel extra produziert.

Die gemütliche Enge macht jede Aufführung zu einer ganz besonderen Vorstellung. Es geht bunt und fröhlich zu. Das kommt nicht nur bei den Kindern super an, auch als Eltern wird man sofort von der lustigen Art des Theaterspielens angesteckt. Je nach Publikum kann es auch einmal vorkommen, dass ein Kind, das zu nah an den Bühnenrand kommt, einfach ins Stück integriert wird.

Wenn möglich, sollten die Karten im Internet oder per Telefon vorbestellt werden, denn die 99 Sitzplätze, die das kleine Theater hat, sind schnell ausverkauft.

**TIPP:** Auf dem Alten Sankt-Matthäus-Kirchhof an der Großgörschenstraße in Schöneberg sind die Gräber der Gebrüder Grimm. Hier kann man gerne ein paar Blümchen hinstellen und »Danke« für viele, viele tolle Märchen sagen.

**Adresse** Berliner Straße 53, 13189 Berlin-Pankow, Tel. 030/43723244, www.stadttheaterpankow.de // **ÖPNV** U3, Tram M1, 50, Haltestelle Vinetastraße // **Öffnungszeiten** Do, Fr 16 Uhr, Sa, So 11 und 16 Uhr // ab 3 Jahre

# 106_ DIE VILLA GLOBAL IM JUGEND MUSEUM

*Lern mich kennen!*

Manchmal muss man jemanden zu Hause besuchen, um mehr über ihn zu erfahren. Fotos, Bücher und auch der Inhalt des Kühlschranks verraten oft nicht nur etwas über den Geschmack, sondern auch über die Herkunft des Bewohners. Im multikulturellen Berlin fühlen sich viele Menschen zu Hause, die Wurzeln in einem anderen Land haben; in der Ausstellung »Villa Global – The Next Generation« lernen wir 14 von ihnen kennen. Nicht persönlich, aber man hat Zutritt zu ihren Zimmern, die sie selbst in der Schöneberger Villa eingerichtet haben, und erfährt in Video-Interviews, was sie über Heimat, Tradition, Religion, Zukunft, Freundschaft und Identität denken.

Da ist zum Beispiel Marthe aus Ruanda, die ein Freiwilliges Soziales Jahr absolviert und neben ihrer Muttersprache Kinyarwanda auch Swahili, Französisch, Englisch und ein bisschen Deutsch spricht. Oder Rapper Jonni, der 1978 in Israel geboren wurde, mit vier Jahren nach Schöneberg kam und bis heute im Kiez lebt. Und Hanadi, die als Kind mit ihrer Familie vor dem Bürgerkrieg im Libanon flüchtete und mittlerweile Mutter von drei Jungs und Stadtführerin in Neukölln ist. Auch Sadaf ist geflüchtet, aus Afghanistan. Fast hätte sie dorthin zurückgemusst; doch sie hat den früheren Bundespräsidenten Joachim Gauck persönlich um Hilfe gebeten, als dieser 2013 das Übergangsheim in Marienfelde besuchte, in dem sie mit ihrer Familie lebte.

Nach einem Rundgang durch die Villa sind einem ihre »Bewohner« nicht mehr fremd; gerne würde man sie zu sich nach Hause einladen.

**Adresse** Jugend Museum, Hauptstraße 40/42, 10827 Berlin-Schöneberg, www.villaglobal.de // **ÖPNV** U 7, Haltestelle Eisenacher Straße; U4, S 1, S 41, S 42, S 45, S 46, Haltestelle Rathaus Schöneberg; Bus 104, 187, M 48, M 85, Haltestelle Albertstraße // **Öffnungszeiten** Mo – Do 14 – 18 Uhr, Fr 9 – 14 Uhr, Sa, So 14 – 18 Uhr, Eintritt frei // ab 8 Jahre

TIPP: Es lebe die Vielfalt: Jedes Jahr am Pfingstsamstag findet der Kinderkarneval der Kulturen mit einem bunten Kostümumzug durch Kreuzberg und einem Fest im Görlitzer Park statt.

# 107_DER WALD-HOCHSEILGARTEN

*Klettern zwischen Buchen und Eichen*

»Ich seh gar nichts! Wo soll das denn sein?« Den Waldhochseilgarten Jungfernheide sieht man vor lauter Bäumen erst einmal nicht. Gut versteckt in einem wunderbar dichten Waldstück mit altem Baumbestand liegt das Kletterareal am Rande des Volksparks Jungfernheide. Direkt an der Kreuzung im Wald steht dann doch ein Schild mit dem Hinweis zum Waldhochseilgarten.

Geht man näher heran, sieht man dann auch die vielen, vielen Wege in den Bäumen auf den verschiedenen Etagen über viele Meter in alle Richtungen. Hier eine Leiter, dort ein wackeliger Steg, ganz hinten hängen nur Seile, und ab und zu braust jemand in einem Klettergurt hängend vorbei. Die hohen Kletterstrecken in den Wipfeln sind natürlich nur für Erwachsene und größere Kinder. Für die Jüngeren gibt es in den niedrigeren Etagen drei Parcours.

Um klettern zu dürfen, muss man eine Einweisung des Hochseilgarten-Teams mitmachen. Ungefähr jede halbe Stunde werden diese von ausgebildeten Kletterern anschaulich und auch für die Jüngsten sehr verständlich durchgeführt. Dabei wird genau erklärt, wie das Klettergeschirr, angezogen, festgemacht und im Kletterwald eingesetzt wird. Bei einer Probeklettertour wird dann noch einmal jedem Kind einzeln gezeigt, was beim Klettern zu beachten ist. Klettern kann man dann nach Herzenslust und Laune. Die sehr erfahrenen Kletterlehrer sind ständig zur Stelle, um zu helfen oder auch um Kinder, die gar nicht weiterkommen, zu »retten«.

**TIPP:** Gleich hinter dem Waldhochseilgarten ist der Sommergarten rund um den Wasserturm im Volkspark Jungfernheide. Hier kann man Kaffee trinken, Kuchen essen und in der Sonne chillen.

**Adresse** Heckerdamm 260, 13627 Berlin-Charlottenburg, www.waldhochseilgarten-jungfernheide.de // **ÖPNV** U 7, Haltestelle Jakob-Kaiser-Platz oder Halemweg; Bus 109, 123, M 21, Haltestelle Weltlingerbrücke // **Öffnungszeiten** je nach Saison, aktuelle Öffnungszeiten siehe www.waldhochseilgarten-jungfernheide.de/kletterwald/oeffnungszeiten.html // ab 6 Jahre

# 108_ DER WASSERFALL IM VIKTORIAPARK

*Kurz mal Urlaub machen*

Es ist tatsächlich eine kleine Überraschung inmitten der Großstadt. Je näher man kommt, umso deutlicher wird es. Das ist keine Straße, es ist ein Wasserfall. Noch ein paar Meter weiter, und man steht direkt am unteren Ende des Wasserfalls im Viktoriapark. Und da kann man ruhig ein paar Minuten verweilen. Es ist fast ein magischer Ort. Man fühlt sich angezogen vom Rauschen des Wassers.

Ein Wasserfall mitten in der Stadt? Ja, wenn er künstlich angelegt ist. Die Kaskade wurde Ende des 19. Jahrhunderts zusammen mit dem Viktoriapark rund um das Nationaldenkmal auf dem Gipfel des Kreuzbergs gestaltet. Mit rauschendem Bach, Felssteinen und Mittelgebirgsgewächsen ist sie dem Riesengebirge nachempfunden. Und tatsächlich, steigt man die Wege, die sich rechts und links am Wasserlauf entlangschlängeln, bis zur Bergkuppe hinauf, fühlt man sich wie im Gebirge. Hier eine kleine Holzbrücke, da eine Bank. Auch das Ufer mit den großen Felsbrocken lädt zum Verweilen und zum Klettern ein. Das Wasser ist flach, man kann sich zwischendurch beim Aufstieg kurz mal die Hände abkühlen. Der ein oder andere springt auch gerne komplett hinein.

Oben angekommen, ist es ein Muss, die rund 60 Stufen bis zum Denkmal, das an den Sieg über Napoleon erinnern soll, hinaufzusteigen. Von hier aus hat man einen wahnsinnig schönen Blick auf Berlin. Beim Abstieg lohnt sich noch ein kurzer Abstecher zum Minizoo. Hier können Ziegen, Hühner und Kaninchen angeschaut und manchmal auch gestreichelt werden.

**Adresse** Kreuzbergstraße 15, 10965 Berlin-Kreuzberg // **ÖPNV** U6, Haltestelle Platz der Luftbrücke; Bus N140, Haltestelle Dudenstraße/Katzbachstraße; Bus N104, Haltestelle Wasserfall/Kreuzberg oder Haltestelle Yorckstraße/Großbeerenstraße // **Öffnungszeiten** ständig geöffnet // ab 0 Jahre

**TIPP:** Keine fünf Minuten entfernt, in der Hagelberger Straße, ist die Eismanufaktur vanille & marille mit extrem leckerem Eis, auch zum Mitnehmen.

# 109_ DAS ZAUBER-THEATER

*Pure Magie in Charlottenburg*

Am westlichen Ende des Ku'damms, in der Roscherstraße, befindet sich Igor Jedlins Zaubertheater. Igor Jedlin hat es 1990 als erstes festes Zaubertheater Europas gegründet. Der gebürtige Russe ist ein Zauberkünstler durch und durch. Schon als Kind war es sein sehnlichster Wunsch, Magier zu werden, und so erlernte er an der Akademie für Zirkuskunst in Moskau die Kunst der Zauberei. Er war jahrelang Teil des Moskauer Staatszirkus und reiste zaubernd durch die Welt, bevor er sich in Berlin niederließ.

Von außen ist das Zaubertheater eher unscheinbar. Man erahnt nicht, in welch magische Welt man gleich hineingezogen wird. Der Magier selbst bietet eine äußerst gekonnte One-Man-Show. Gerade noch hinter der Glasscheibe beim Kartenverkauf, nimmt er dann charmant plaudernd die Jacken der Gäste entgegen, und während man sich fragt, ob das tatsächlich der Zauberer selbst war, steht er auch schon mit Zauberstab und Zylinder auf der Bühne.

Eine Zeitung scheint zu schweben, eine Taube erscheint aus dem Nichts, Buchstaben tauschen sich vor den Augen der Zuschauer aus, Knoten lösen sich, und Tücher wechseln die Farben, Geldstücke die Orte, ohne dass man weiß, wie. Eine Stunde lang werden die Gäste in eine Art magische Trance versetzt und vom charmanten Zauberer immer wieder verblüfft. Und immer wenn man meint, den Meister durchschaut zu haben, wird man von Igor Jedlin mit einem Zwinkern seiner funkelnden Augen eines Besseren belehrt.

TIPP: Von hier aus kann man gut einen Spaziergang über den Ku'damm starten. Er ist in der Weihnachtszeit überwältigend schön geschmückt.

**Adresse** Roscherstraße 7, 10629 Berlin-Charlottenburg, Tel. 030/3233777, www.zaubertheater.de // **ÖPNV** U7, Haltestelle Adenauerplatz; S3, S5, S7, Haltestelle Charlottenburg; Bus M19, M29, Haltestelle Lehniner Platz // **Öffnungszeiten** Fr, Sa und So jeweils 15.30 Uhr Zauberhits für Kids, Fr, Sa 20 Uhr Wunderwelt der Magie // ab 3 Jahre

# 110_ DAS ZEISS-GROSS-PLANETARIUM

*Einmal abheben bitte*

Schon von Weitem sieht man die riesige silberne Kuppel. 1987 wurde das Zeiss-Großplanetarium anlässlich des 750. Geburtstages der Stadt Berlin eröffnet und gehörte damals zu den weltweit modernsten Planetarien, was zum einen am Kuppelbau und zum anderen am computergesteuerten Sternprojektor Cosmorama aus Jena lag.

Inzwischen wurde der Sternprojektor Cosmorama in Rente geschickt. Man kann ihn im Foyer des Planetariums aber noch bewundern. Das gesamte Planetarium wurde von 2014 bis 2016 saniert und gilt seitdem als das modernste Wissenschaftstheater Europas. Und einen neuen Sternprojektor hat das Haus auch bekommen, den Zeiss Universarium Modell IX. Das ist derzeit der modernste Sternprojektor der Welt.

Steigt man die Treppe zum Kuppelsaal hinauf, kann man das Foucault'sche Pendel, anhand dessen man die Bewegung der Erde sehen kann, beobachten. Man kann sich bequem in einen der 307 Sitze legen, einen wunderbaren Rundumblick genießen und in die Weiten des Universums eintauchen.

Auf dem Spielplan für Kinder und Familien stehen ganz unterschiedliche Programme. Bei den Weltraumtouren fliegt man virtuell durch das Sonnensystem, kann Sterne beobachten und die Eigenarten der unterschiedlichen Planeten bestaunen oder sich auch in ferne Galaxien hinaustreiben lassen. Außerdem werden große und kleine Entdecker in unterhaltsamen Programmen an naturwissenschaftliche Phänome herangeführt, wie zum Beispiel die Gesetze der Schwerkraft. Für die Kleineren gibt es darüber hinaus beliebte Kinderbücher als 360-Grad-Produktionen.

**TIPP:** Im Park, ein Stück weiter, ist die Schwimmhalle Ernst-Thälmann-Park, eine kleine gemütliche Schwimmhalle mit Planschbecken für die Kleinsten.

**Adresse** Prenzlauer Allee 80, 10405 Berlin-Prenzlauer Berg, www.planetarium.berlin // **ÖPNV** S 8, S 9, S 41, S 42, S 85, Haltestelle Prenzlauer Allee; Tram M2, Haltestelle Fröbelstraße; Tram M 10, Haltestelle Prenzlauer Allee/Danziger Straße; Bus 156, Haltestelle Prenzlauer Allee (hält in der Grellstraße) // **Öffnungszeiten** Mo geschlossen, Di 9–18 Uhr, Mi, Do, Fr 9–20 Uhr, Sa 13–21.30 Uhr, So 11.30–18.30 Uhr // ab 4 Jahre

# 111_DAS ZWERGENLAND

*Es war einmal in Charlottenburg*

In bunten Lettern prangt der Schriftzug »Zwergenspaß für alle!« über dem Eingang. Und das stimmt auch, vom Kleinkind bis zum Teenager kommt hier jeder auf seine Kosten. Im Eingangsbereich des Spielplatzes thront ein Märchenschloss, das eigentlich eine verzauberte Kletterburg mit Rutschen und Kletterwand ist. Bewohnt wird sie von der bösen Stiefmutter, die sich immer so über die Worte ihres Spiegels ärgert: »Frau Königin, Ihr seid die Schönste hier / aber Schneewittchen über den Bergen bei den sieben Zwergen / ist noch tausendmal schöner als Ihr.«

Also auf zu den sieben Zwergen! Vorbei an zwei Bolzplätzen, auf denen die größeren Kids Fußball und Basketball spielen, über sieben Mosaik-Hügelchen landet man bei den Zipfelmützenträgern im Kleinkindbereich. Hier kann man in der Zwergenhütte der Frage »Wer hat von meinem Tellerchen gegessen?« auf den Grund gehen oder versuchen, zwei gemütlich auf der Wippe dösende Wichtel wach zu rütteln. Vielleicht lässt man sie aber auch schlafen und nimmt ihr Tagewerk, einen Wagen voller Edelsteine, unter die Lupe. Oder versucht, Schneewittchen, die optisch etwas an Frankensteins Schwester erinnert, davon abzuhalten, sich von der alten Bäuerin einen vergifteten Holzapfel aufschwatzen zu lassen. Zum Glück ist der Prinz ganz in der Nähe.

Neben den bunten Märchenfiguren findet die Wasserpumpe, mit der man so richtig schön viel Matsch produzieren kann, großen Anklang, ebenso wie die Babyschaukeln, auf die der Jäger und sein Hund ein wachsames Auge haben.

**Adresse** Mommsenstraße 48–49, 10629 Berlin-Charlottenburg // **ÖPNV** U7, Bus 309, 310, Haltestelle Wilmersdorfer Straße; Bus 101, Haltestelle Mommsenstraße/Leibnizstraße // ab 2 Jahre

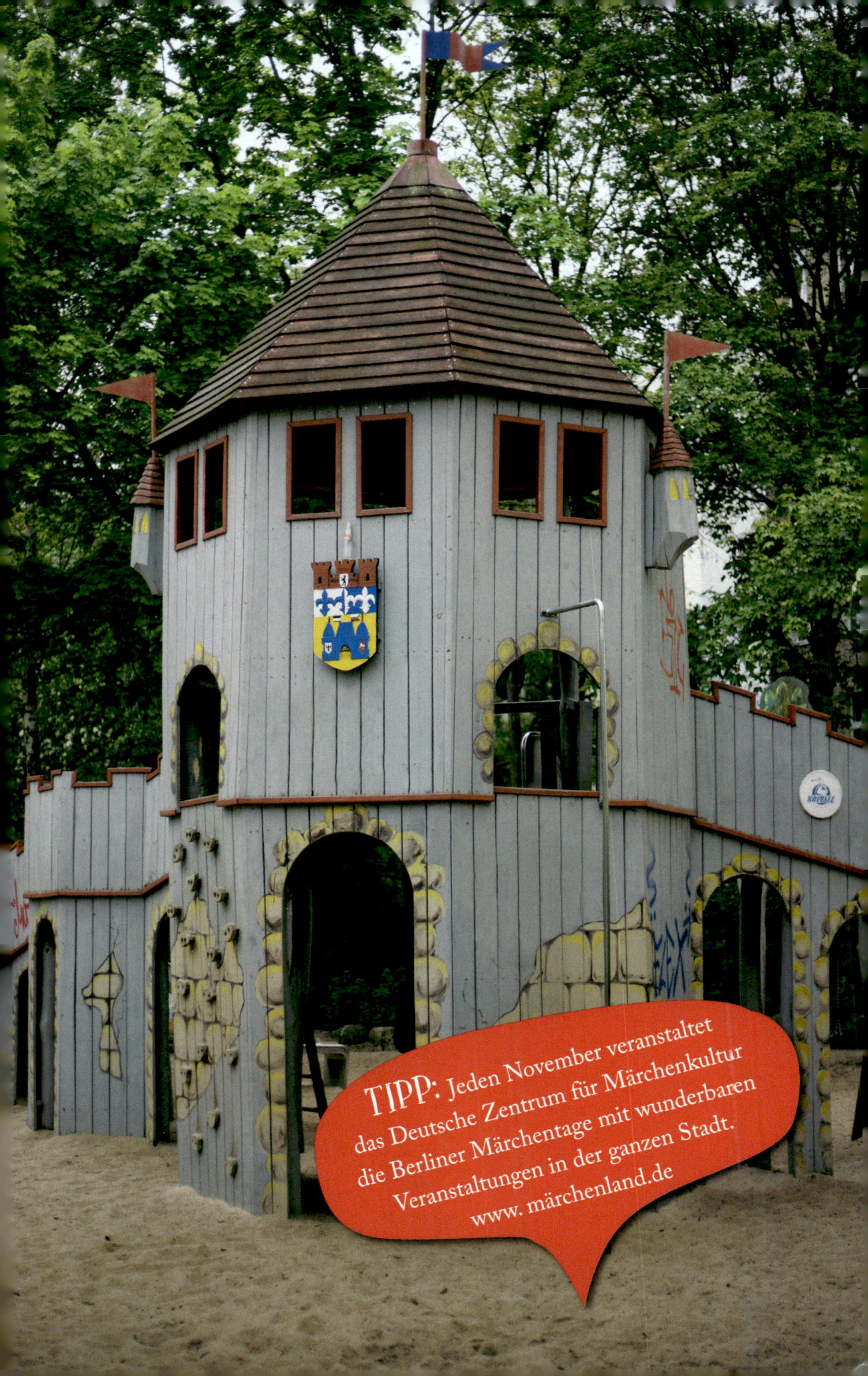

TIPP: Jeden November veranstaltet das Deutsche Zentrum für Märchenkultur die Berliner Märchentage mit wunderbaren Veranstaltungen in der ganzen Stadt.
www. märchenland.de

1
Hennigsdorf
Waidmannslust
A111
Heiligensee
Wittenau
3
16
91
24
Nieder-
schönhausen
31
42
Havel
92
Tegeler
See
Tegel
3
Reinickendorf
Falkensee
Spandau
33
Staaken
Spree
70
Charlotten-
burg
BERLIN
70
82
Grunewald
38
A100
A103
Kladow
Havel
A115
Zehlendorf
Großer
Wannsee
Mariendorf
18
74
104
54
66
Kleinmachnow
Potsdam
Lichtenrade
Teltow
Stahnsdorf
Blankenfelde-
Mahlow

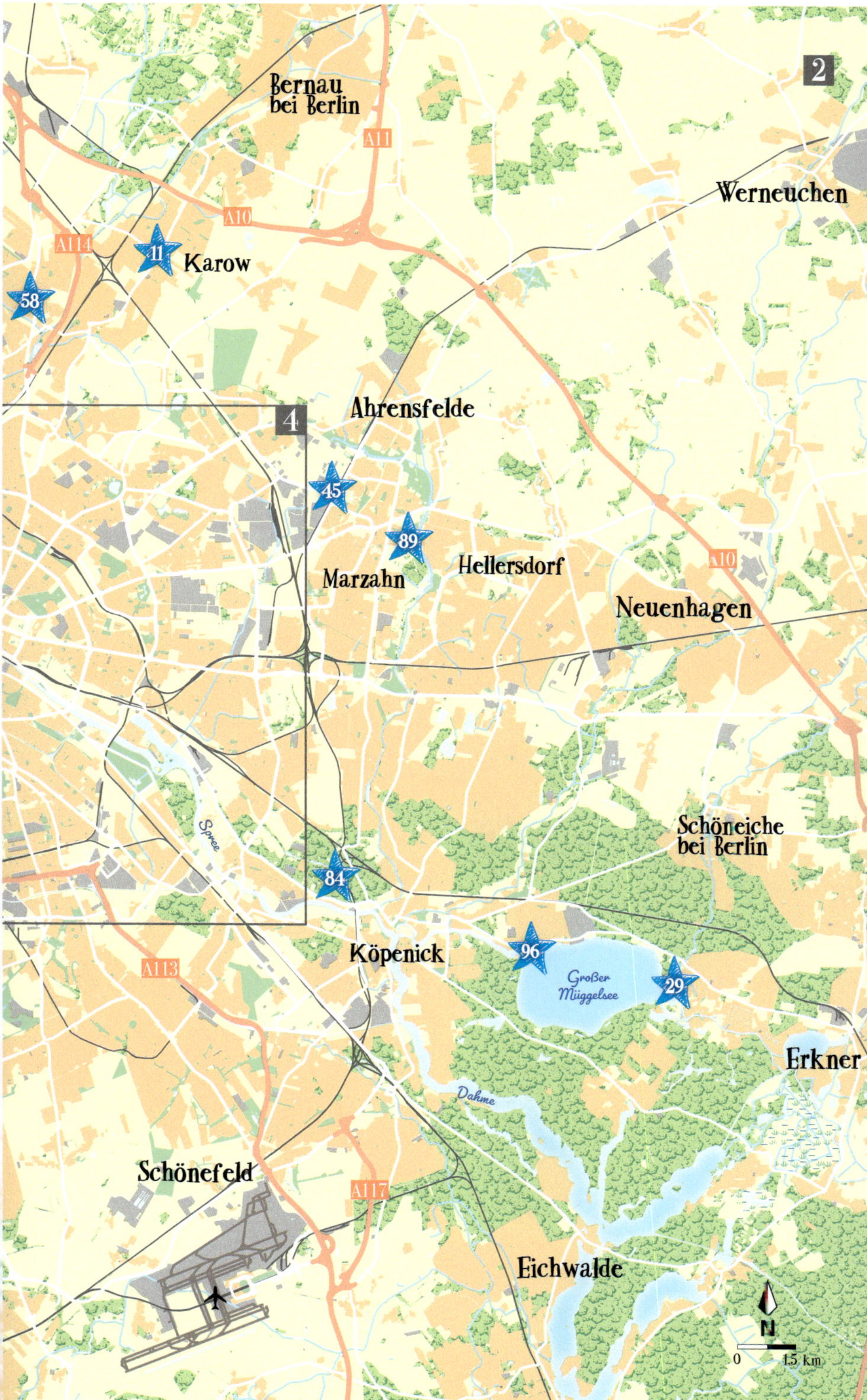
2
Bernau bei Berlin
A11
A10
Werneuchen
A114
11
Karow
58
4
Ahrensfelde
45
89
Marzahn
Hellersdorf
A10
Neuenhagen
Spree
Schöneiche bei Berlin
84
Köpenick
96
Großer Müggelsee
29
A113
Erkner
Dahme
Schönefeld
A117
Eichwalde
N
0
1,5 km

3
REINICKEN-DORF
WEDDING
GESUND-BRUNNEN
MOABIT
CHARLOTTENBURG
KREUZBERG
WILMERS-DORF
FRIEDENAU
STEGLITZ
TEMPELHOF
Ollenhauerstraße
Residenzstraße
Wollankstraße
Müllerstraße
Osloer Straße
Pankstraße
Seestraße
Humboldt-hain
Brunnenstraße
Perleberger Straße
Chausseestraße
Torstraße
Tegeler Weg
Kaiserin-Augusta-Allee
Alt Moabit
Friedrichstraße
Altonaer Straße
Spree
Unter den Linden
Otto-Suhr-Allee
Straße des 17. Juni
Tiergarten
Wilhelmstraße
Bismarckstraße
Hardenbergstraße
Leipziger Straße
Kantstraße
Stresemannstraße
Kurfürstendamm
Kurfürstenstraße
Konstanzer Straße
Yorckstraße
Gneisenaustraße
Bundesallee
Grunewaldstraße
Columbiadamm
Tempelhofer Damm
Tempelhofer Feld
Hauptstraße
Südwestkorso
Podbielskiallee
Schildhornstraße
Pacelliallee
Bismarckstraße
Bergstraße
A111
A100
A103
43
79
62
34
51
75
17
53
87
32
59
107
28
36
65
68
10
95
6
35
83
20
46
90
49
76
67
23
64
14
8
72
60
111
109
7
88
5
94
73
22
101
108
106
99
100
85
25
15
4

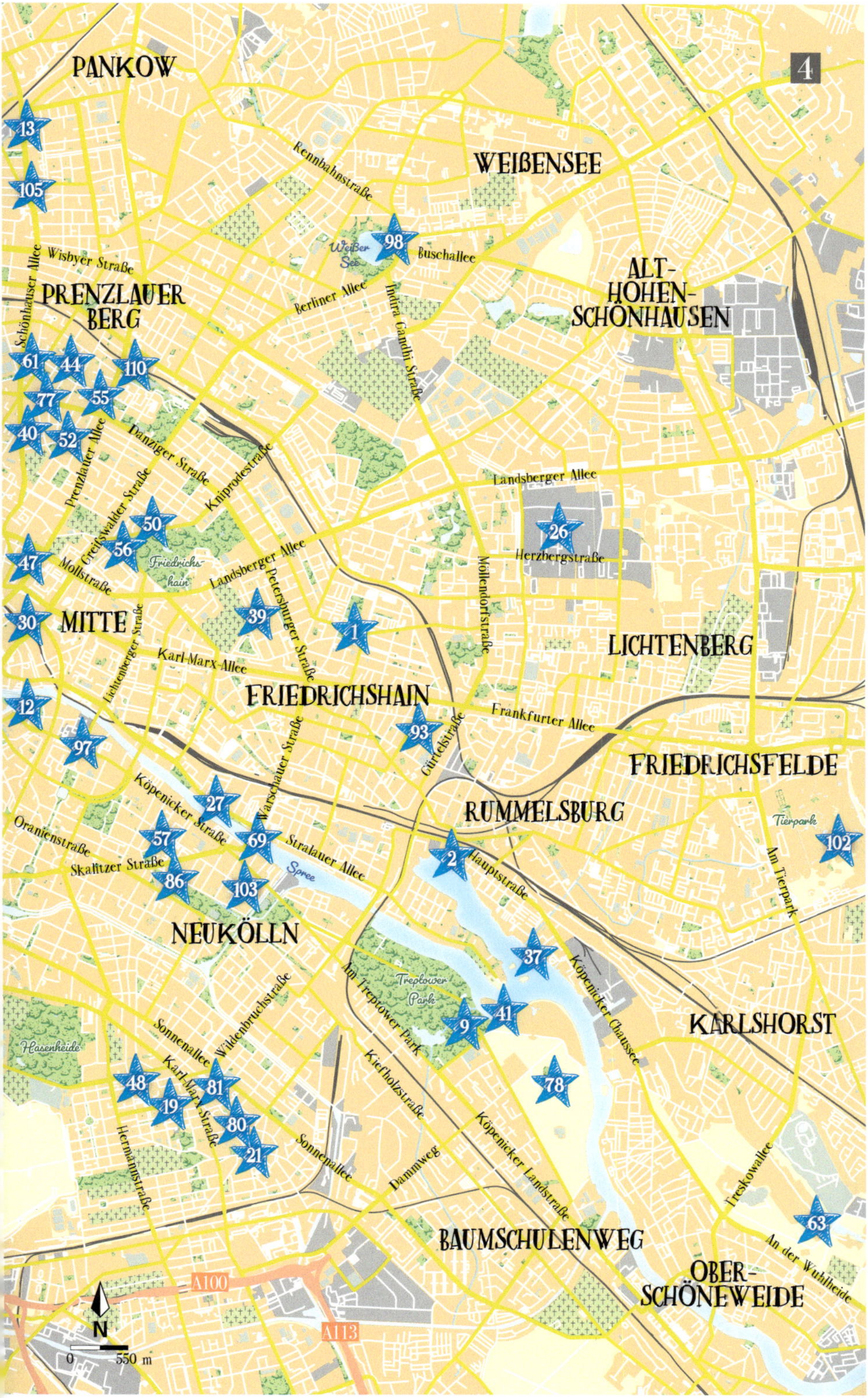
4
PANKOW
WEIßENSEE
ALT-HOHEN-SCHÖNHAUSEN
PRENZLAUER BERG
MITTE
FRIEDRICHSHAIN
LICHTENBERG
FRIEDRICHSFELDE
RUMMELSBURG
NEUKÖLLN
KARLSHORST
BAUMSCHULENWEG
OBER-SCHÖNEWEIDE
Rennbahnstraße
Weißer See
Buschallee
Berliner Allee
Indira-Gandhi-Straße
Wisbyer Straße
Schönhauser Allee
Prenzlauer Allee
Danziger Straße
Kniprodestraße
Greifswalder Straße
Mollstraße
Friedrichshain
Landsberger Allee
Petersburger Straße
Lichtenberger Straße
Karl-Marx-Allee
Möllendorffstraße
Herzbergstraße
Frankfurter Allee
Gürtelstraße
Warschauer Straße
Köpenicker Straße
Oranienstraße
Skalitzer Straße
Stralauer Allee
Spree
Hauptstraße
Tierpark
Am Tierpark
Köpenicker Chaussee
Treptower Park
Am Treptower Park
Kiefholzstraße
Wildenbruchstraße
Sonnenallee
Karl-Marx-Straße
Hasenheide
Hermannstraße
Dammweg
Köpenicker Landstraße
Treskowallee
An der Wuhlheide
A100
A113
N
0
550 m
13
105
98
61
44
110
77
55
40
52
50
56
47
26
30
39
1
12
97
93
27
57
69
2
86
103
102
37
41
9
78
48
81
19
80
21
63

Stephan Hollich, Meike Spanner
**111 Orte für Kinder in Ostfriesland, die man gesehen haben muss**
ISBN 978-3-7408-1095-5

Cornelia Kuhnert, Günter Krüger
**111 Orte für Kinder in und um Hannover, die man gesehen haben muss**
ISBN 978-3-7408-1293-5

Alexandra Schlennstedt, Jobst Schlennstedt
**111 Orte für Kinder in und um Lübeck, die man gesehen haben muss**
ISBN 978-3-7408-0845-7

Katja Josteit
**111 Orte für Kinder in Kiel, die man gesehen haben muss**
ISBN 978-3-7408-0641-5

Sina Beerwald
**111 Orte für Kinder auf Sylt, die man gesehen haben muss**
ISBN 978-3-7408-0840-2

Daniela Clément
**111 Orte für Kinder in Hamburg, die man gesehen haben muss**
ISBN 978-3-7408-1519-6

Christina Bacher, Norbert Breidenstein
**111 Orte für Kinder in Köln, die man gesehen haben muss**
ISBN 978-3-7408-1308-6

Florian Kinast
**111 Orte für Kinder in München, die man gesehen haben muss**
ISBN 978-3-7408-1391-8

Bernadette Németh
**111 Orte für Kinder in Wien, die man gesehen haben muss**
ISBN 978-3-7408-1390-1

Franziska Lô
**111 Orte für Kinder in und um Stuttgart, die man gesehen haben muss**
ISBN 978-3-7408-0655-2

Priska Lachmann
**111 Orte für Kinder in Leipzig, die man gesehen haben muss**
ISBN 978-3-7408-1392-5

Charlotte Mohs
**111 Orte für Kinder in Mainz, die man gesehen haben muss**
ISBN 978-3-7408-0665-1

Julia Tzschätzsch
**111 Orte für Kinder in Frankfurt, die man gesehen haben muss**
ISBN 978-3-7408-0686-6

Jenny Menzel
**111 Orte für Kinder in Dresden, die man gesehen haben muss**
ISBN 978-3-7408-0337-2

Anke Landleiter
**111 Orte für Kinder in Nürnberg, die man gesehen haben muss**
ISBN 978-3-7408-0852-5

Martin Berke, Nina Fandler
**111 Orte für Kinder in und um Düsseldorf, die man gesehen haben muss**
ISBN 978-3-7408-0972-0

Janine Eck, Kristina Offermann
**111 Orte für Kinder in Potsdam und Brandenburg, die man gesehen haben muss**
ISBN 978-3-7408-0977-5

Simone Hausladen
**111 Orte für Kinder in Zürich, die man gesehen haben muss**
ISBN 978-3-7408-0988-1